Alfaiataria
Antonio Manuel

鮮花禮儀

I Hap gân kei
二合
二合店

順德行

AGENCIA COMERCIAL TUNG MAU
東茂行

彩生隆禮服

全馬輪咖啡餅店

HOI LAP KEI
許立記
JOCKEY
JOCKE

PAPELARIA E ARTIGOS DE ESCRITÓRIO (IMP. E I
祥安紙業文具

時香花生瓜子

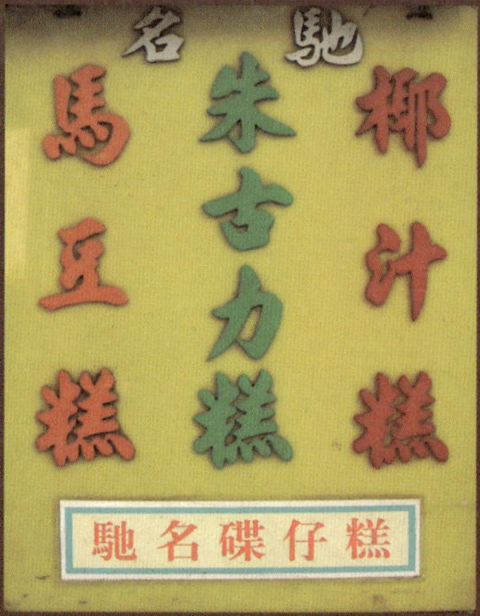
馳名
椰汁糕
朱古力糕
馬豆糕
馳名碟仔糕

勝利茶餐室

蘭香閣
馳名小點
特價小菜

裕利

旧区小店

澳门老店号口述历史

林发钦——主编

广西师范大学出版社
GUANGXI NORMAL UNIVERSITY PRESS
·桂林·

著作权合同登记号桂图登字：20-2016-215 号

图书在版编目（CIP）数据

旧区小店：澳门老店号口述历史 / 林发钦主编．—桂林：广西师范大学出版社，2018.10
（澳门口述历史丛书）
ISBN 978-7-5598-0175-3

Ⅰ．①旧… Ⅱ．①林… Ⅲ．①商店街—史料—澳门 Ⅳ．①F727.659

中国版本图书馆 CIP 数据核字（2017）第 204223 号

广西师范大学出版社出版发行
（广西桂林市五里店路 9 号 邮政编码：541004
网址：http://www.bbtpress.com）
出版人：张艺兵
全国新华书店经销
广西广大印务有限责任公司印刷
（桂林市临桂区秧塘工业园西城大道北侧广西师范大学出版社集团有限公司创意产业园内 邮政编码：541100）
开本：720 mm ×1 010 mm 1/16
印张：10.75 字数：150 千字
2018 年 10 月第 1 版 2018 年 10 月第 1 次印刷
印数：0 001~5 000 册 定价：45.00 元

前　言

现代口述历史源于美国，后为保存“公众记忆”的历史记录方式。那么，怎么理解口述历史呢？中华上下五千年，无论是远古先民传说，还是春秋战国智者先贤口头传授并编撰成书的《论语》之类，抑或近现代各种形式的社会调查、媒体访谈，乃至老一辈人给子孙讲述的家庭渊源或个人往事，等等，都可以理解为广义的口述历史。

近些年随着越来越多人的关注，口述历史已不仅仅局限于“记录”，而是越来越注重对访谈员的专业培训，以及研究领域的专业规范。正如英国学者保罗·汤普森（Paul Thompson）所谓“用人民自己的语言把历史交还给人民”，说的就是口述历史在史料征集及现代史学研究上的专业性、规范性及平民性的特点。

在澳门历史研究中，口述历史日渐受到重视。2008 年，为加强澳门学术研究，打造特色研究平台，澳门口述历史协会应运而生。协会的宗旨是团结专家学者和青年学生，利用科学方法，推进口述历史资料的采集、编辑和研究工作，并通过对民间私家著述和公私文书资料的收集、整理，促进澳门历史研究的发展，提升澳门的文化形象。澳门口述历史协会成立至今，深入不同的社区开展了多项口述历史访谈，从新桥、下环、福隆、十月初五街到氹仔、路环，访谈不同阶层的澳门老居民数百人，以“社区变迁”和“行业兴衰”两个视角，透过受访者口述“亲历、亲见、亲闻”的回忆，从不同方面反映澳门社会近百年的历史发展，并保存了大量视频、音频、图片和文字，为保存社区历史、弘扬社区文化做出了一定贡献。

协会近年来计划将以往访谈成果汇总成“澳门口述历史丛书”（以下简称“丛书”），并开始分批出版。从内容上来讲，本“丛书”涉及人物、家庭、行业、社区、风俗等专题，不仅补充了澳门现代史文字资料之不足，亦丰富了澳门历史。就早前对澳门历史研究情况的考察，澳门现代史最重要的史料实为口述史料，而非文字史料。现今在世的已过古稀之年的老澳门人，经历了抗战、新中国成立、澳门回归等重大历史事件，他们的集体回忆构成了一幕幕最真实、生动的澳门现代历史图像。

另一方面，“丛书”于内地出版，在提升澳门文化传播辐射力的同时，亦能深化两地的文化交流。纵观澳门出版物现状，内容呈现多元化，图书市场空间虽有明显发展，但还面临不少问题，具有澳门本土特色的书籍一直很难大量在内地传播。而此次“丛书”由内地出版社出版发行，是澳门口述历史出版物在出版地域、传播途径上的一项大突破。

自访谈计划启动以来，协会访谈团队走进澳门的街头巷尾，寻觅那些濒临消失的人和事。经一位位古稀之年的澳门人的口述，以及我们的专业团队后期的整理、筛选、撰稿及史料研究、校对等工作，协会已经开始了编撰书稿进而出版的工作。

相信这些涉及澳门经济、历史、文化及社会生活等方方面面的鲜活的口述历史材料，以及文中所配珍贵的老照片，能很好地展现沧桑而又富有生命力的澳门风貌。

这本《旧区小店——澳门老店号口述历史》是澳门口述历史协会团队对澳门大街小巷的店铺进行访谈的整理稿。

当访谈者进行完访谈之后，我们先将访谈录音进行逐字逐句转录，形成规范的转录稿，然后以第三人称再次修改成稿，理顺文字，形成了预备交付出版的初稿。

在对澳门旧区的诸多小商铺进行访谈时，我们团队对小店所在位置、环境、大门、内面甚至后面的工场，都一一做了拍摄。经过一定的整理，现在根据内文需要，选择配入文中。希望读者在阅读文字的同时，能够对其人、其情、其景，有些许直观的感受。

另外，从初时走街串巷进行访谈，到完成转录稿、出版稿，配置图片，也是几年时间过去了。当年采访过的店铺，如今的情况怎么样？我们团队于

2016 年再次走访当年访谈过的旧区小店，对店铺的现状再次做了拍摄。我们也同时在这本小书中呈现给读者。

附录“口述历史资料”是团队对项目进行时的一些基本记录，例如受访者姓名、年龄、基本情况、访谈地点等，希望能够对此项目的整体面貌有一个清晰把握。

几年时间过去了，当年接受我们访谈的不少人，已经不可避免地年长了许多岁，更有人已经离别了我们。而当年我们协会这支年轻的访谈员团队，有在读大学生、高中生，如今均已经走进了社会，在不同的专业领域都有了很好的岗位，有文博机构的公务员，有教师，有社会工作者，有大学博士生。他们当年在口述历史协会所进行的口述访谈项目，对于他们更多地接触社会，锻炼提高他们的工作能力，有着莫大的帮助。

谨将本套丛书献给可爱的澳门，以及生活在澳门这片土地上的人们。

目录

十月初五街

烂鬼楼区

营地大街

十月初五街

历久弥香——丁财贵香庄

专一的老店

丁财贵香庄是澳门一家售卖神香的老店铺，开店至今已有九十多年。现在香庄的店主陈炳深先生，是创业人的第三代传人。别家的铺头一般会一并售卖元宝、蜡烛，但丁财贵香庄只卖神香。

·称量神香·

·丁财贵香庄在十月初五街的铺面·

以前拜神的人很多，每逢初一、十五和各种节令，香庄里人头涌动，顾客络绎不绝，十分热闹。当时丁财贵香庄在提督马路和青草街均有工厂，提督马路处是总厂。这两个工厂生产的神香，会被批发到澳门半岛、氹仔和路环的庙堂。总厂的神香甚至出口到香港。

盛况不再

由于现代城市发展迅速，人们的生活节奏加快，加上如今的青年人与老一辈的思想、信仰不同，时至今日，拜神的人已经很少了。香庄的伙计黄先生向我们感慨，有因必有果，这一切都导致神香业生意趋淡，日益式微，只有一些熟客关照。且旧时人们拜神至少要用三支香，现在只用一支，所以每次的成交量都少得可怜。

而今位于提督马路的总厂已经关闭，只剩青草街的工厂，且工人很少，多是一些老伙计。因为神香业利润较低，很多人都不愿意从事这个行业，聘请员工十分困难。

·丁财贵香庄的神龛·

· 丁财贵香庄售卖的各类神香 ·

神香制造缺少青年人继承，香庄已经不再制造神香。店里的货，一些是以前留下来的，一些则是从别的香庄取的，与同行交换来卖。

神香的种类

黄先生 1962 年入行，从事这一行业已有四十多年。向他问起店里的神香种类时，他如数家珍：八角形盒装的香是塔香，多插于神位的两边，并由香座支撑。塔香一般不附香味，但也有附檀香味的，有香味的价钱较昂贵。

比较大支的香是长寿香，有三支装，常见于庙堂。此外，还有小香。小香有些八十支装，有些一百支装。粗香以斤计，有些一斤装，有些十四两装。

明天，或许香火鼎盛的场面不会再有。但是，明天的事，谁又能预料呢？

品物流芳——记品芳饼家

十月初五街是澳门别具特色的古老街道，而在这条曾经人来人往的街道上，坐落着一间拥有七十一年（时为 2007 年）历史的老饼店，见证着内港的繁荣衰变。对于店主陈帝棉先生来说，继承品芳饼家，是作为儿子的一份责任，同时也是一种乐趣。

陈先生说自己高中毕业后便到店铺帮忙，因此从事这项工作有较长的岁月，而自己对造饼的兴趣则有增无减。

就是凭着陈先生对造饼的这一份热诚，多年来，品芳饼家一直在十月初五街上屹立不倒，在澳门造饼行业占有一份席位。

初建

“品芳饼家”名字的由来，其实也颇有意思的。“品”由三个口组成，饼店初建时，也是由三个人合伙置业：陈先生的祖父陈庆钦、陈老先生的亲戚，以及一位在律师事务所的朋友。在律师事务所的朋友颇有文化，便为饼店命名为“品芳”，即“品物流芳”之义。后来两位合伙人退了股，留下陈先生的祖父继续苦心经营眼前的品芳饼家。

·2016 年补摄品芳饼家在十月初五街的铺面·

陈先生表示，当初他的祖父投资造饼业，主要是由于他的合伙人亲戚从事这一行。而陈先生的祖父和陈先生的父亲陈文龙都不懂得造饼，店铺的食品主要是请亲戚或雇用工人制造。对于父辈们来说，造饼只是一门赚钱的生意；但是对于陈先生自己来说，造饼除了是维持生计的一种营利手段，亦是一门手艺，一份坚持的信念。

以前陈先生的父辈们出售的食品与现今的有所不同。当时的饼店主要造面包、造饼，第一代还制作过饼干和糖。当时的饼干就像今天在超级市场里常见的干身的甜、咸饼干；而所造的糖有椰子糖、果汁糖、花生糖等类型。

当年的食品是没有所谓“保质期”的，直到现在，他们都不会在食品中添加防腐剂，因为客人都喜欢新鲜的食品。

· 2007 年所摄品芳饼家店面 ·

全盛时期

陈先生回忆，20 世纪 50 年代，饼家的营业时间是早上七点到晚上九点半。当年的十月初五街有很多戏院，每逢戏院散场，人们便会到沿途的面包店买点小吃。当时的面包店主要有源真、真诚、叶培记、双喜、玫瑰、莲华以及品芳饼家等，由于以上的店铺都是自行生产食品的，因此亦有部分规模较小的面包店或是来自路氹地区的商户向他们购买食品，再对外销售。

由于当时内港码头出入方便，有了客源，商铺就可以生存，因此街道上各行各业一片兴旺，带动了整个市区。其实十月初五街就是做人员往来的生意，商业活动虽比较活跃，但生意流动性也很大。

十月初五街在20世纪中期，是澳门经济命脉所在，市民、商人在这里往来频繁，不分昼夜、川流不息，街道繁荣达至顶峰，同时亦是品芳饼家最光辉、灿烂的时期。

近年来，政府实行集中管理码头，将码头全部迁往司打口一带，非本地居民以任何途径进入澳门，都必须办理入境手续。到了20世纪90年代初期，十月初五街的客源已经大幅度地下降。

传承祖业

陈先生于1972年从事造饼行业，至今已将近四十年了。1972年，他从粤华中学毕业，手握高中文凭，在当时的澳门社会来说是一件很了不起的事情。在旁人眼中，他有着大好前途，将来必定从事高薪厚职的行业。然而，他毅然选择了承继祖业。

问起他所为何因，他脸上稍稍黯然，道出了家中的往事：

“在我高中毕业三个多月后，我的叔叔因为在雨天拿面包下船交货，行至跳板时，失足掉进海里而过世。由于当时我的大哥正在读大学，叔叔的小孩又比较年轻，我是家中次子，于是便到店铺帮忙。那时我的想法就是行行出状元，希望自己能够做好这个行业。所以我从 1972 年做到现在，甚少停下来。”

饼家现况

与往时相比，如今的品芳饼家在手信包装上有所不同。以往的客人购买蛋卷或杏仁饼等手信，都必须用纸盒包装，包装的成本便会转移到客人身上，价钱自然较贵。而现在他们用塑料袋包装部分食品，这种手法称为“卖散饼”，以此减轻成本负担。

品芳生产的饼，大致上分为三类：一类是酥皮饼，譬如老婆饼、老公饼等；另一类是包馅饼，像鸡仔饼、嚤啰酥、豆蓉莲等；还有一类就是没有馅料的光身饼，譬如家蛋饼、光酥饼等。

·品芳饼家生产的杏仁饼、蛋卷等·

·品芳饼家生产的龙凤礼饼·

前来光顾的客人可谓形形色色，但也可分为三大类：香港人、回乡客以及水上人。他们的嗜好更是大有不同。香港人喜欢形状较小的杏仁饼、椰蓉酥、家蛋饼等；回乡客则喜欢鸡仔饼、老婆饼等；水上人就较喜欢十字饼、鲍鱼酥、花生饼等。可是现在就没有所谓老主顾了，前来光顾的人都是流动客源，一般是爱好怀旧的香港人。

陈先生有多年制造礼饼的经验，对不同客人的需求了如指掌。就拿“嫁女饼”为例，岸上人就喜欢选用红棱、白棱、合桃酥、皮蛋酥等；水上人则喜欢光酥饼、蛋黄莲蓉饼等。

20世纪中期至后期，品芳饼家还会为多个“供饼会”提供食品，这是为当时生活困难的街坊应运而生的。

“供饼会”，实质是现在的分期付款，就是让居民平分十二个月来供款。视乎个人的经济条件，居民可以选择每月供十元、二十元、三十元不等。一年过去了，饼店就会在全年的款项中添加优惠，这就是“供饼会”的实际性质。

现在这种方式已经逐渐式微，现代人吃不消，大企业或银行都不会再供款了。

自1980年起，品芳饼家成为澳门各大酒店的莲蓉、红豆馅料供货商之一。一般商家只在中秋节前夕大量生产此类馅料，而品芳饼家则是全年为各大酒店供应。

馅料的原料一般是从内地或本澳购入，视乎当时物价的涨势。原料买回来以后，就自行用机器造出馅料。

品芳饼家一向本着不加防腐剂、不加人造色素的原则来生产食品。陈先生认为，食品最重要的是新鲜，添加了防腐剂，虽然经得起时间的考验，但这却让它失去了原有的香味，只剩甜甜的口感。因此，食品最主要是重质。

享受造饼过程

在访谈的过程中，陈先生表示造饼最重要的是一双手。双手一定要干净、不留指甲；完成每一个工序后，都要洗手。然而更重要的，是造饼师能否承受面粉黏手的感觉。搓粉造表皮时会黏手，学徒需要很长的时间来习惯。

陈先生还向我们介绍了造饼的时间控制：“备料造型的时间约为三十分钟，然后把制成品放进焗炉烤制，通常一小时三十分便可造出成品。”

· 造饼过程 ·

造饼需要什么工具？陈先生热情地带我们走进造饼的工作室。他拿出三种主要的造饼工具：饼印、秤和酥槌棍。

饼印是用木头雕刻制作而成的。顾名思义，饼印的作用，是给各种款式的饼固定形状、样式。以往买饼印，要到香港油麻地的一间饼印店，每支售价相当于今天的两百多元。在澳门，没有专门制作饼印的店铺，这是由于饼印十分耐用，需求量不大。曾经有一段时间，陈先生是请从事雕刻行业的师傅专门制作。可是现在，要寻找懂得手雕饼印的师傅，就要到中山石岐去了。

而今制作一支饼印，只要五十多元。

秤应该是我们大家都比较熟悉的计量工具。时至今日，澳门已经没有造秤的行业了。以前果栏街还有一间造秤的，可是它都停业了，为什么呢？生活不下去。

·品芳饼家的木雕饼印·

现在的秤，大多是在内地购买的。陈先生表示，用中国传统的秤比用电子秤更方便更准确，而且相当耐用。

酥槌棍则是用来制作酥饼的木棍。

人手缺乏

现今要聘请造饼师父或是学徒，是一件十分困难的事情，主要是由于两个原因：第一，薪水不高；第二，工作沉闷。陈先生所聘请的造饼师父，多是在20世纪七八十年代私渡来澳的，他们当时没太多选择，只能埋头苦干地工作至今。现在虽然有的学徒对造饼有兴趣，却也由于工价以及自由度的种种限制而转行，造饼师出现断层。

澳门兴旺的背后

提到澳门的快速发展对陈先生的生活有何影响，他觉得澳门的楼宇越来越高，在澳氹桥上望回澳门，感觉像是从香港西环望回中环。

当我们问起“钜记”手信的龙头过盛，是否会影响品芳饼家的生意时，陈先生有不同的看法：“我们永远觉得做头的带得好，下面的也会好。”有了龙头，就可以带旺整个行业，甚少出现压价的恶性竞争情况。因为租金、薪水、原料价格都向上走的，刻意压缩价格也没意思。他庆幸“钜记”的出现，把澳门的整个手信行业都带起来了。

· 品芳饼家整洁有序的造饼工场 ·

十月初五街见证过内港的繁荣昌盛，却也目睹内港的衰落，眼看源真、真诚等老饼店相继关门。陈先生向我们解释了这些店铺歇业的原因：第一，这些饼店的铺面大多是跟私人租的，如果业主把物业卖了，这些饼店就不得不歇业；第二，饼店东家的下一代还愿不愿意干这一行，也是饼店能不能继续营业的关键。而品芳饼家所在的一整条街道，都是镜湖的物业。陈氏家族由 1936 年开始租借，租金虽然不停地走上坡，但还算比较便宜。

陈先生认为，街道的畅旺，与店铺生意的兴盛没有直接的关系。如果店铺能出产优质的产品，人家自然会特意前来。

其实做任何事情，都要下苦功，要有责任感，要使得客人再三光顾，才能稳住脚步。因此，自陈先生接手经营这间店铺起，便不断地花钱去装潢，不断地改善店内环境。为改善造饼房的通风效果，陈先生还装了一部巨型抽气扇。

目前的难题，就是食品价格的升降。但食品的定价是涉及地区性的，因此不能擅自定价。

结语

在短短两小时的访谈里，我们深深感受到了品芳饼家经营的岁月变迁。数十年的祖业在日新月异的社会中能一直屹立不倒，全赖店主对工作执着的态度。

陈先生的积极进取，使得饼家能与时并进，共同面对新时代！

从"生"到"熟"——大全堂中药房

大全堂中药房，20 世纪 30 年代开业，1949 年正式登记注册，开业已有六十多年。它的创业人是陈伯源先生，现在由他的儿子陈德培接管。

· 大全堂中药房贺新春 ·

·1997 年，澳门中医学会、中药业公会访问团在北京访问·

膝下有十子，险无人继承

陈伯源老先生共有十个儿子。做中药这一行，一来麻烦，二来费时，一开始没人愿意接手。而且陈老先生的要求很严格，儿子去店铺帮忙，他便要他们从早干到晚，不准偷懒。陈德培小时候在澳门读书，放学后就去店里帮忙。当时并没有专人教他，他在干活途中，遇到不认识的药材就拿起来问下师傅，又观摩别人加工制药的工作，慢慢地，自己便学会了许多。可以说，他对中药的知识，几乎是自学而来的。

陈先生表示，其实年轻的时候，自己对中药就已有兴趣了，但没有接手，仍是怕麻烦。中药这一行，正所谓“工夫兜”。特别是在以前，中药要经过人手加工，一种药就要涉及好几个程序，费时费力。所以到头来，十个兄弟都各自有自己的事业，就是没人从事中药这一行。

陈先生中学一毕业就去了香港做模具，一做就是十几年。但父亲渐渐年老，又没有儿子跟他做中药，所以，1976 年陈德培便回澳接管大全堂了。

他决定回来接管父亲的药店，是因为替别人打工，始终与帮家里做工不同。自己家里的工作，赚到钱是自己的；替别人打工，赚到钱是别人的，你只拿一份粮，每个月的工钱是人家从手指缝里留给你的一点，不是自己直接得益。

·大全堂中药房店主陈德培在抓药·

刚回来的时候，陈先生还是要跟师傅学习。那时候店铺里还有老伙计在，他便跟着老伙计，一边工作一边学药剂。

从批发到零售，从“生药”到“熟药”

20 世纪七八十年代，是十月初五街最兴旺的时期。那时候，大全堂中药房共有三间店铺，连胜街一间，红街市对面永亨银行附近一间，十月初五街一间。其中前两间做门市，十月初五街的店兼营批发生意。

当时药材都是从香港寄运来澳。行家一般向批发商取货一至两斤，而大全堂取得较多，这样价钱比较便宜。然后他们再批发一些给本地药店，从而赚取一点差价。

当时，做生意靠“人面”，即便是跟大行生意来往，他们信的也是人，不是字号。旧时，最重要是信用。信得过你，才肯赊货给你。

批发而来的货，行内人称为“生药”，全部都要在铺头加工。很多中药都须经过炮制才能够配药。不管是以前还是现在，年轻人都很怕做这些琐碎事，一来怕污秽，取回来的“生药”，大多是树根、树茎，很多泥沙夹在药里，必须仔细清洗；二来怕麻烦，药材清洗以后，要搬至天台晾晒，再经过多重手续，药材才能成为“熟药”出售。

这两方面，大全堂都做得十分严格，所以顾客认为，大全堂的药茶虽然

·大全堂中药房药材柜（一）·

价钱比别家高，但是药味浓而清，一般服两剂药就可痊愈，性价比较高。

不过，过了不久，有香港人投资设厂，专造药材，也有内地药商运药来澳门，所以澳门药店用于制药的工夫减少了。现在，只有某些用药才需大全堂亲自加工出售。

因为中药材店聘人困难，人手不足，大全堂的其他药店无奈关闭，只剩下现在十月初五街的铺面。也因为人手不足，大全堂放弃了批发，只做门市生意。

·大全堂中药房药材柜（二）·

时过境迁

现在，政府对中成药入口的规定十分严格，每一种中成药都要依照共同的市场标准。中成药，就是将草药打磨成粉，然后制成药丸等药品。澳门卫生局规定，入口的中成药必须经过五个化验程序：第一，不能含有西药成分；第二，所含矿物质不能超标；第三，不能含有受保护野生动植物的成分；第四，不能含有细菌；第五，每一克含金银量不能超标。若不符合规定，均不准入口。

同时，政府规定本地药材铺制作中成药，必须要出示厂牌。而厂牌的申请，须经相关部门检验厂房的设备和环境，达到要求才给予批准。有了厂牌，才可生产药物；药物生产出来以后还必须经过化验，化验通过才批准在市面售卖。现时，香港出口至澳门的所有药品也要经过以上五种化验。

·澳门中药业公会合影留念·

·2000 年、2006 年澳门中药业公会活动留影·

香港的药厂，现时也要做到GMP的标准：厂房要远离市区，确保空气品质；厂房要跟写字楼、货仓分开，生产工场也要分设；厂房内，每栋大楼之间要达到一定距离。现时，很多药厂用“挂单”的方式，把药方递交给内地和香港符合GMP标准的药厂制造。

大全堂中药房只做本销和门市，所以没有挂单制药。陈先生说，如今制造一种药物并不是一件简单的事情，投资很大。以前，有点资金便可投资药厂生产，容易负担；现在若新投资一家药厂，起码要上千万。所以现在大全堂的药材主要是向内地和香港批发商取货。

中药这一行，学的人非常少。大全堂以前聘人难，现在聘人更难。很多青年人嫌这一行上班时间长，而且实际学的东西不是太多。

现在，铺头的工作主要是陈德培夫妻俩在做。陈先生说：“做到我们这一代就算了，子女都没有学做中药的。现在，我年纪大了，中药材店聘人困难，对大全堂中药店的发展，我已没有宏图大志了……”

五十年味道质量如一
——时香花生瓜子

人们若要办喜宴，传统的应宴小食必定是花生瓜子；若要选购花生瓜子，澳门的老一辈人必定到时香。老街坊吃着同一家店铺的口味，不知不觉，已有半个世纪。

· 时香花生瓜子店在十月初五街的铺面 ·

家族传承

店铺的负责人岑海岳先生，是时香店的第二代传人。他的父亲、叔伯等父辈都从事炒花生瓜子一行。其父原在同乡的炒制工厂工作，其后便自立门户，于 1962 年创立时香店。

时香店初期是小摊档，设在现址（十月初五街附近的皇子街 27 号）斜对面。由于是家庭式经营，兄弟姊妹在课余时间都必须帮忙做事，岑先生自小耳濡目染，学会了炒制技术。

1976 年，岑先生于澳门培正中学毕业，便接手打理该店生意，其后将其由摊档发展成店铺。现在，该店有门市店铺、货仓和炒制工场。该店由岑先生夫妻二人以及岑先生的胞姐打理。

店铺面积虽然很小，但其充分利用空间将商品展现人前。现时店铺的外观和摆设跟刚开店时差不多，主要分为两部分：外面的饰柜和里面的货架。货架是用木材以传统中国入榫建筑技术构建而成，故此较稳固。但因年代久远，同时因修路等种种原因而改动，现已有些破旧。后来以铝架为辅，更起了美化的作用。饰柜则以铝质为主，设成四方或长方形的箱柜。为了配合政府的清洁活动，柜下细心地设有果壳箱，方便顾客试食。

以往生活条件不太好的时候，店主的姐姐晚上便在饰柜或是狭小的阁楼上睡觉。

·早期的时香店，店铺创始人及其子女留影·

·现在的时香店，第二代店主岑海岳及其家人留影·

与时俱进

原先在岑老先生经营该店的年代，最初花生瓜子的炒具，是一个用不锈钢制成的圆柱体。炒制时，需要人手不停地摇动轴承，令柱体不停转动，才能使火候均匀。试想一下，这个操作应该极其辛苦。

到后来，改用摩打（即马达）带动轴承，从而节省了人力。再后期，便从香港购入较先进的自动化炉具，操作原理以及形状，与混凝土车（俗称“田螺车”）相似，一边放入材料另一边自动倒出，成效比以往好多了。

半个世纪以前，零食小吃不像现在这么五花八门，花生瓜子在零嘴界是一枝独秀，所以时香店也是以售卖自己炒制的花生瓜子为主。

现在，瓜子花生这一类传统小食已不是主流，也不属于高档次的小吃。为了令产品多元化以适应市场，近十年来，该店除炒制壳类的花生瓜子外，还会用无壳的花生仁、瓜子仁做后期加工，炒制成不同口味的花生（如鱼皮花生、南乳花生、虾子花生等）和瓜子（有芥辣味、蒜蓉味、炭烧味、什锦味等）。同时还引入新产品种类，如日本豆、泰国鱿鱼、美国开心果、肉干等。

该店有两大客源：门市和批发。其中门市以熟客居多；批发是以供货给卡拉 OK 及夜总会等娱乐场所为主。门市生意较为波动，批发则相对稳定。如每年的 6 月至 8 月，天时暑热，客人都很少买花生等一类较干燥的食品。不过还好这段时间学生放假，常去卡拉 OK 等地消磨时间，所以娱乐场所还是会经常来买货。而农历新年前夕，是店里一年中最忙的日子，因为大家要办好年货，花生瓜子果仁当然不可缺少。为应付大增的需求，该店在新年前两个月便忙个不停，经常工作至深夜两点，赶制花生瓜子，以满足客人需求。

竞争惨烈

早在20世纪中期，炒花生瓜子一类的食品加工业在港澳就十分普遍，多以家庭作坊模式为主。到七八十年代，可算是该行业的全盛时期。当时澳门有名的店铺都集中在十月初五街一带，若值农历新年，杂货店也会炒花生瓜子来供客人选购。全盛时期，澳门有七八间专门炒制花生瓜子的工场，而会卖炒花生瓜子的杂货店也有两三间。

然而随着1978年内地改革开放，吸引了不少港澳商家到内地投资设厂，香港很多炒花生瓜子的工场纷纷搬到内地生产。于是，炒制技术也被带到内地去。而内地的原材料、土地使用、劳动力、设施等各方面都要比港澳便宜很多，成本自然远较港澳低。于是，内地商家以低廉的价格在港澳销售产品，给港澳的同行带来很大冲击。

遗憾的是，“不迁者亦因迁者丧”，留守在香港的批发商家，无法与内地商家竞争，渐渐被淘汰了。

澳门的情况也是这样。随着城市的发展，土地、资源和营运成本等上涨许多，投资与回报不成比例，且从事该行业的人员青黄不接——老一辈人退休，年轻一代不愿入行（因工时长，工作辛苦，回报不高，相对而言现时社会上可供选择的行业比以往多多了）……种种因素导致行业走上下坡路。

·前来时香店购买炒货的顾客·

到了 90 年代，内地商家已渐渐垄断港澳市场。时至今日，港澳的花生瓜子市场，已被内地产品雄踞八至九成。现时仍然有生产线的店铺，恐怕香港已绝无仅有，而澳门也只剩下时香这一间。

独守阵地的岑先生也面临着许多困难：一是过去内地花生瓜子原材料多会供销港澳，但随着近年内销市场扩大，内地生产商的大量承包，令港澳处于被动状况；同时，近年内地城市发展，农田用地减少，导致原料稀缺。二是商家纷纷展开价格战来招徕生意，为避免价格差距太大，售价难免会因适应市场而被压低。三是近年来燃油费上升（如煤油、碳），其他配料和经营费用都在增加，故此成本费不免升高。但即便如此，店主还是尽可能少加价，因顾虑熟客一时无法接受。四是人手、机器不足，限制了该店的发展，产量仅能应付老主顾，不能配合销售网络的增加而增加。五是欠缺包装宣传。该店以街坊口耳相传为主，仅能靠口碑招来熟客。幸好有时也有媒体（如报纸、电视台、杂志、社团等）主动推介该店，让更多人了解到澳门的传统老店。六是旧区现状堪忧，十月初五街现在已大不如前。由于该区离旅游区较远，人流量不是很高，而且，该区街道小巷较多，泊车位不足，所以交通不便，外人很少到此。

坚持质量

即便有着这样那样的困难，岑先生却仍坚持一贯原则：重质不重量，精心炒制，用料上乘，价格克己，诚信第一。

当部分商家用 20 元一磅的瓜子色素染料以减低成本时，岑先生还是坚持用价值 70 元一磅的英国出产的食用安全色素染料。

当其他工厂以产量为先，用机器大规模炒制瓜子时，岑先生还坚持身处 40° C 的高温工场中，亲手精心炒制瓜子。所谓“慢工出细活”，因为即使有再好的胚（行内对生的花生瓜子的说法），若在炒制过程中出错，也是徒然。火候、时间和技术方面都要控制好，才能保证瓜子的干湿度，使它有好的口感，而且品尝时容易脱口。天气潮湿的时候，要加快动作，缩减工序之间的时间，以免受潮，影响产品的质量和味道。

当其他工厂以大规模承包农田产区形式采购胚子而不加挑选时，岑先生却透过老行家穿针引线，远到安徽、青岛等地购买优质贵价的胚，并加以筛选，确保没有次品。

每次炒制好后，岑先生还要细心挑选，把破口和坏的去掉，然后才包装出售。

关于未来

当年雄心壮志的岑先生，怎么也料想不到工厂北移，会给市场带来那么大的冲击，以致现时港澳地区该行的生存空间很小。

而今的工作出路多，愿意从事该传统行业的人少之又少，毕竟是辛苦活且利润不高。岑先生膝下有三个女儿，并没有继承父业的意愿。

·时香店的货架及设有果壳箱的饰柜·

对于未来，岑先生现时未有大的计划，只想尽力守好生意，保证货品的质量和满足老主顾的要求。同时他也寄望于即将兴建的十六浦，希望它完工后能带旺这一区的人流。

当年顺理成章地接手父业的岑先生，三十年来默默地守着父亲留下的生意。虽然岑先生说并无什么特别，但能成为澳门业内唯一尚存的店已是不平凡了。

对他而言，最自豪不过的，是能保持该店的风味格调，五十年如一。

岑先生凡事亲力亲为，炒胚、入货、送货都是自己动手，忙的时候要十点钟才能吃晚饭，而过年前夕，更是忙得每天只睡两三个小时。

作为一个好店主，这一切他都习以为常；作为一个好爸爸，他唯一感到歉疚的是少了陪伴女儿的时间。

岑先生多次强调要重质量，才能保住顾客的信心。在他的手札里，藏着他小学老师所赠予的诗句：

时出佳品，香甜松脆，花式千种，生产乐趣。

鲜花礼仪业的长辈
——李光记花店

古往今来，鲜花一直是常见的礼仪用品之一，若缺少了它们，就显得失色不少。庄严的宗教仪式、传统的风俗节庆、简单的环境装饰，皆可见到它们的芳踪。鲜花用艳丽点缀我们的视野，用芬芳焕发我们的精神。

·2016 年补摄李光记花店的铺面·

老牌花店

如今在澳门购买鲜花，可以光顾街边小贩，逐朵逐朵慢慢选择，也可以到花店，花较高的金额来换取装饰得美轮美奂的产品，例如花束、花篮等。单单在澳门，就有五十多家花店可供选择。但在20世纪50年代至80年代，全澳的花店还不到十家。位于十月初五街102号的李光记花店，就是一家已逾半个世纪的著名花店。

从花店的名字可知，这家店的创始人是李光先生。他在开始自己的花店生意之前，是在另一家花店当学徒的。之后于1956年，他一点一滴开展李光记花店的鲜花礼仪服务，店址就是李光在中和里的家。

五年后，他迁往木桥街，有了一个正式的铺位。由于经营有道，口碑载誉，业务愈做愈多，旧址面积不敷应用，遂于70年代初搬至现址。

选址考虑的主要因素，就是不能离家太远，可便于回家。

走过漫长岁月，花店已经历了两代人的苦心经营，现在的主理人李展图先生，是李光的儿子，正式接手二十多年了。

李光记花店有一个标志，一问之下，原来是从第一代就沿用下来的。标志大体上是一个圆形；上面凸出部分是一个没有尖的扇形，标有阿拉伯数字“1956”；中部是一朵婀娜多姿的牡丹花；在圆形外围，从时钟上“10”的位置开始，往逆时针方向写着李光记花店的葡语名称“LOJA DE FLORES LEI KUONG KEI”，至“2”的位置止。

· 李光记花店早期的标志图案和现今沿用的图案 ·

产品繁多，功夫过硬

李光记是本澳一家较老的花店，经营之初，产品种类少，款式传统，只有一些较旧式的花样。如今，为迎合社会需求及满足顾客的品味，已经发展出十多种产品以及不同的款式，而传统的产品仍然继续生产，所以品种真是多得令人眼花缭乱！

中式传统的花牌及门口鲜花篮，常见于喜庆场合，例如新店开张、展览开幕、奠基仪式等等，亦适用于白事致哀，这类大型又可循环利用的物料，花店是会收回的，且政府规定了要在廿四小时内收回；外形大方得体又不笨重，且可放在室内的鲜花篮和丝花篮，花店不需回收，而丝花篮更可作长期摆放；平日私人送礼的，则可选择鲜花束、礼盒鲜花或花果篮，既大方又漂亮；花钟及花车是专为婚礼而设的，可以给新人送上祝福，留下甜蜜美满的回忆；

· 早期李光记花店制作的花牌 ·

图案花圈是很花心思的设计，多用于宗教仪式；横额，又称为彩牌，多见于周年庆典，制作需时长，现在已经很少人定做；还有在仪式中为嘉宾佩戴的襟花；而其他美工产品还有人造植物、商标和礼堂字；等等。

占平日生意数量最多的，是恭贺新店开张和展览开幕而定造的花牌、门口鲜花篮、室内鲜花篮和室内丝花篮。李光记的忙碌程度，主要受开幕仪式多寡的影响。若订单过多，就算通宵两晚也要完成。之前有一家新食肆开业，订单多得很，他就熬了一次夜。

由于顾客要见到的是新鲜的花卉，所以即使在多天前就收到订单，花店亦只可提前把上下款及祝福的字句等写好或用计算机制作及打印出来，然后要等到送货前一天才插花。之后，漂漂亮亮的成品就会乘坐专车到达现场，向主人家表示祝贺。所谓“专车”，其实就是李光记花店的两辆货车。

在澳门街，20 世纪 50 年代至 70 年代的国庆节前后，都可在多处见到五光十色的牌楼。它们外貌规矩，以严肃地耸立着的姿态，与市民一同为祖国的生辰欢呼。李先生说：“我都有做过牌楼，但是我爸爸做主力，我从旁协助。”也就是说，李光记除了经营鲜花礼仪业务外，也涉足过“搭牌楼”这项工程。

尽管牌楼已经在澳门街消失了影踪，李光记也没有再做这项业务，但有一种大型的横额可算是现在最难安装的产品了。这种横额一般一个人是安装不来的，通常要三至四人合力，但也非常吃力。李先生说，他爸爸经营时，就曾经有一位员工因在高处挂横额时，失足跌了下来，不幸失去工作能力。

由于这是力气活，所以李光记聘用的多数是男性，只有一名是女性。另一方面，据李先生解释，以前聘用过的女性，多数过了几个月后，都因手部患上过敏症而辞职收场，故以后也较少聘用女性。

花店会根据需求，从世界各地购入鲜花，也常向澳门的批发商取货。由于鲜花的美丽有时限，一般只会取足够货量，即买即用，以免浪费。

现在，多数花卉都是在温室栽培的，所以我们常可买到一些“不合时节”的鲜花，因而产品也没有以前那样有明显的季节变化。

· 李光记花店店内墙壁上贴有多种花束样式的图片及编码，可供客户选择订购 ·

在大时大节，如春节、情人节、母亲节等，社会对鲜花产品的需求量上升，年年如是，想必花店会赚大钱吧？其实不然，在此期间，花店的盈利并不十分可观。因为鲜花的来货价会比平日高几倍，有时也会出现鲜花短缺及品质欠佳等问题，导致有生意来也接不到。而到了农历七月，传说此时鬼门关大开，阴间的鬼魂会来到阳间，令阳间也弥漫着阴森与恐怖。人们在此阴霾下，认为农历七月是凶月，传统上不宜举办喜庆活动，应可避则避，可免则免。故此，需要鲜花礼仪服务的人也相应减少，这就是花店生意的淡季了。

· 店内墙壁所贴的各类花语，供顾客选择鲜花传情达意 ·

良性竞争，前卫经营

同行如敌国，在面积小小的澳门，花店众多，相互竞争在所难免。然而，它们竞争的方法十分简单和老实——把产品做到最好，用手艺说话。制作鲜花礼仪产品，有一定的成本，减价只会加重花店负担，于长远不利。而且价格低了，用料和心思随之大打折扣，若产品外观恶劣，连制作人自己那关也过不了，顾客又会如何看待呢？所以李光记对价格控制得十分严格，为的就是给顾

· 李光记花店在十月初五街上的招牌 ·

客送上鲜明亮丽，从而带出欢欣笑脸，更重要的是——做出产品应有的质量和保持良好的商誉。可见，它们的良性竞争将会推动鲜花业的进步，商店和顾客双赢。

虽然李光记可算是澳门花店界的老前辈，但它的宣传及经营手法一点也不落伍，反而在澳门带领了一个潮流，就是花店开设网站——李光记乃澳门第一间开通自己专门网站的花店。

开设网站的想法是李展图先生提出来的。当时他见到其他地方如台湾的花店，很多都有自己的网站，店家可以把自家的数据如花卉种类、产品样式、订购方法等放到互联网上，顾客通过浏览网站，足不出户就可知道花店的信息，又可立即下订单。李先生认为此举颇有趣，而且在澳门也有高度的市场价值，便于 2001 年开通了花店的网站。

网站一成立，就引起了社会的注意。电台、报刊都邀请李先生做专访，大家都对老字号花店的网站感到莫大的兴趣。李先生说，开通网站的目的，是为了让顾客足不出户就可以了解到花店的各类信息，选择自己喜欢的产品然后下订单。

不过，李光记网站内并没有网上订购的服务，顾客大多数是以打电话和发传真的方式订购产品。其中，电话生意占八成。在该网站内，顾客可从“公司简介”及“业务简介”中了解李光记，也可获取在本澳及海外的订购方法，而且可以获知各种花的花语，还可以在网站上给花店留言提出意见。

· 李光记花店店主李展图先生与访谈员刘冬怡合影 ·

结语

虽然鲜花的寿命不可能维持五十一年（时为2007年），但李光记不间断地用几十年的日夜，去帮助鲜花发挥她们的长处，把鲜花最动人的一面呈现在大家眼前。然而，随着社会各方面的变化，顾客需求、人力资源、可用面积等的可预见改变，加上需要不停提升的竞争力，为花店带来很多困难的变量。另外，由于没有新人入行，当现在这一辈退休后，就不会再有人做横额、中式的大花牌等，产品就不会像现在那么多元化了。

李先生仍然期盼，把李光记持续发展下去，为澳门的鲜花礼仪业带来新气象。

从天茂行到东茂行

东茂行

东茂行是一间粮油店铺，至今已经营了三代之久，经历了三四十年的时间。在此期间，店铺曾有过搬迁，但终又搬回原来位于澳门十月初五街 39 号 A 的位置。

该店由李瑞章先生创办，现由李志仁先生经营。

东茂行每月的首天都休假，员工一个月也有 4 天的假期。营业时间为每天上午八点三十分至下午五点三十分。主要经销代理油、米、糖、盐、面粉、杂货等。职员共 6 人，有司机 1 名、送货员 4 名、文员 1 名。文员旧称掌柜，现称营业员，主要职务是管理各项事务、接收订单、记账等；送货员负责运送货物、与客户交收等。

东茂行的内部结构十分简单，主要分为两层，一楼是营业部及存放货物的空间，东茂行的货物全部储存在店里，没有其他的货仓；二楼则是员工休息、起居的地方。

· 东茂行在十月初五街的铺面 ·

三代人的承接

李瑞章先生曾是同善堂的襄理，交游广泛，认识了不少名人、商家，得悉营商的门路，且认为柴米油盐家家必不可少，以此营业切合当时社会的需求，便选择了这个行业，开始发展他的事业。

当时，在十月初五街这一带，商铺林立，应有尽有，是市民购物的首选

· 东茂行储存的货物 ·

順嘜 精煉上等食油
清香純正 廚師樂用
門總代理：東茂行
大展鴻圖
白馬
WHITE HORSE

大展鴻圖
白馬
食油
WHITE HORSE

· 东茂行一楼的营业部 ·

地点，于是这里便被街坊称为“购物街”。此处人来人往，车水马龙，十分繁华，所以李瑞章先生选择在此开业，并将该店取名为“天茂行”。

后来，李瑞章先生逝世，店铺便交由他的侄儿李东先生接管。一般商家都对店名十分重视，认为店名对生意的好坏有直接影响，一个好的店名，有助于生意更加顺利经营，所以会花费一番心思，为铺子取个兆头好的店名。因此，李东先生把店名更改为“东茂行”，就是取“东山再起”“太阳从东方升起”等吉祥的意思，且又包含了李东先生的名字，可谓一箭三雕。

现时的店主李志仁先生，本是在香港工作，他的父亲李东离世后，他便回到澳门继承父业，继续经营东茂行，至今已有十七八年的时间了。

由于李先生认为东茂行的生意并没有随着时代的变迁而衰减，仍然持续一贯的蓬勃发展，且更改店名在手续方面亦较为繁琐，所以店名“东茂行”一直沿用至今。

因为李先生曾在香港的大公司工作，所以亦同样广通人事。他的事业背景，也为东茂行的生意增光添彩——大大扩宽了东茂行的客路，提高了东茂行的业绩。

走过低谷

经营生意，不免会遭受一些风浪，东茂行亦曾经历过大大小小的挫折。约在 1992 年，由于豪雨，引发了澳门一些区域的水灾。由于东茂行所在的这一区临近海边，所以这次水灾对其影响尤甚，陆地上的水位能淹至成年人的胸口，东茂行铺子内的货物全都浸湿了。由于米粮等货品给水淹过后便会发臭，无法再食用，李志仁先生只好忍痛把所有的货物都丢弃了，损失十分惨重。

李先生经历的另一次低潮，是在 2003 年“非典”流行时期。在这一段时间内，不论本地居民还是外地游客都避免到公共场所，消费者大大减少，几乎各行各业都走下坡，东茂行自然也不能幸免。因为东茂行主要是以批发的形式将米粮等销往酒楼、酒店、食肆等地方，而那段时期这些地方的顾客少得可怜，所以东茂行的订单大量减少，造成生意额大大降低。

步入高潮

现时，澳门的经济发展迅速，赌场、酒店林立，百业随之兴旺，也拓展了东茂行的市场，使得东茂行的生意更上一层楼。而这一阶段，也成为李先生执掌以来，生意最兴隆的时期。即使现今与其同类型的店铺云集，亦未减其订单的流量。它们在澳门这片芳沃的土地上，百花齐放、相互辉映、共同进步。随着时光的消逝，东茂行已经渡过重重的难关，达至空前的盛况。

而十月初五街，也在同一个时空中，慢慢地有所转变了。不仅楼价、地价的变迁大，而且人物、景致也大有不同。从前的繁荣兴旺，现已归于平静，但故里的乡土情怀，仍然是那样馥郁浓烈。

芳名远播——兰香阁

在十月初五街上，远远便已看到一块大大的牌子——兰香阁。但是此酒楼的入口并不在牌子下方，而是在旁边的巷子里。还未踏进巷子，便已听到茶客的喧闹声。

兰香阁的由来

位于新埗头街 1 号的兰香阁，原名为东亚饭店，东亚饭店的老板因经营不善而放弃了此店。当时陈炽先生经营着位于沙栏仔的贤香茶楼，经营有方，所以管理澳门饮食业市场的何贤先生便邀请他来接手东亚饭店。当时正是“一二·三事件”前后，经营饮食业十分困难，但陈炽先生鼓起勇气，接管了东亚饭店。他投资了一万元葡币，何贤先生投资了两万元，陈友给了一万元，彭耀德、茂利渔栏、何根共筹了两万元，陈炽先生便以这六万元作为资金，开始经营东亚饭店。

接管东亚饭店后，陈先生便去香港购买厨房用具。他在香港中环的一间餐厅饮茶，见到招牌上写着“兰香阁”，他很喜欢这个名字，所以向何贤先生提议用“兰香阁”来代替“东亚饭店”。何贤先生同意了此事，陈先生便立即找林近先生帮他题字，而彭耀德先生帮他注册了商标。

· 兰香阁在十月初五街的招牌 ·

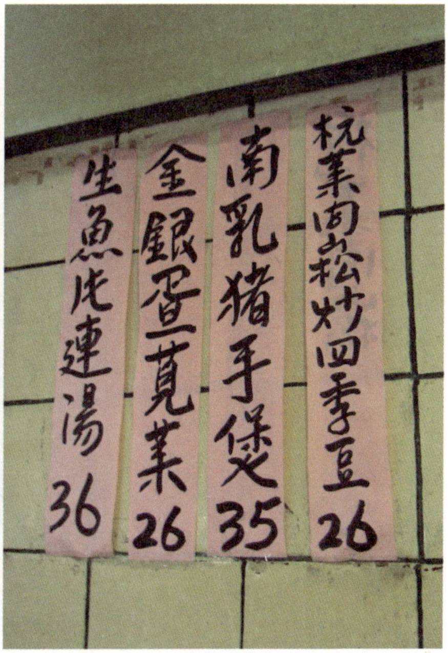

· 兰香阁的铺面及贴在店内墙壁上的菜单 ·

另外，因为兰香阁只卖点心，所以原来它并不叫作茶楼或餐厅。是后来有了第三层，才开始叫作“兰香阁酒家”。这就是“兰香阁”名字的由来。

兰香阁的经历

一般茶楼都会征收茶位费，兰香阁刚开张时，茶位费是每位客人一元，二楼每位客人则要收一元五毫。原因是二楼有台布，一楼没有。本来兰香阁还有晚市的，但生意越来越淡，便不做晚市了。

兰香阁有过一段时期生意不济，在这段时期内，陈先生亦试过一些对策。

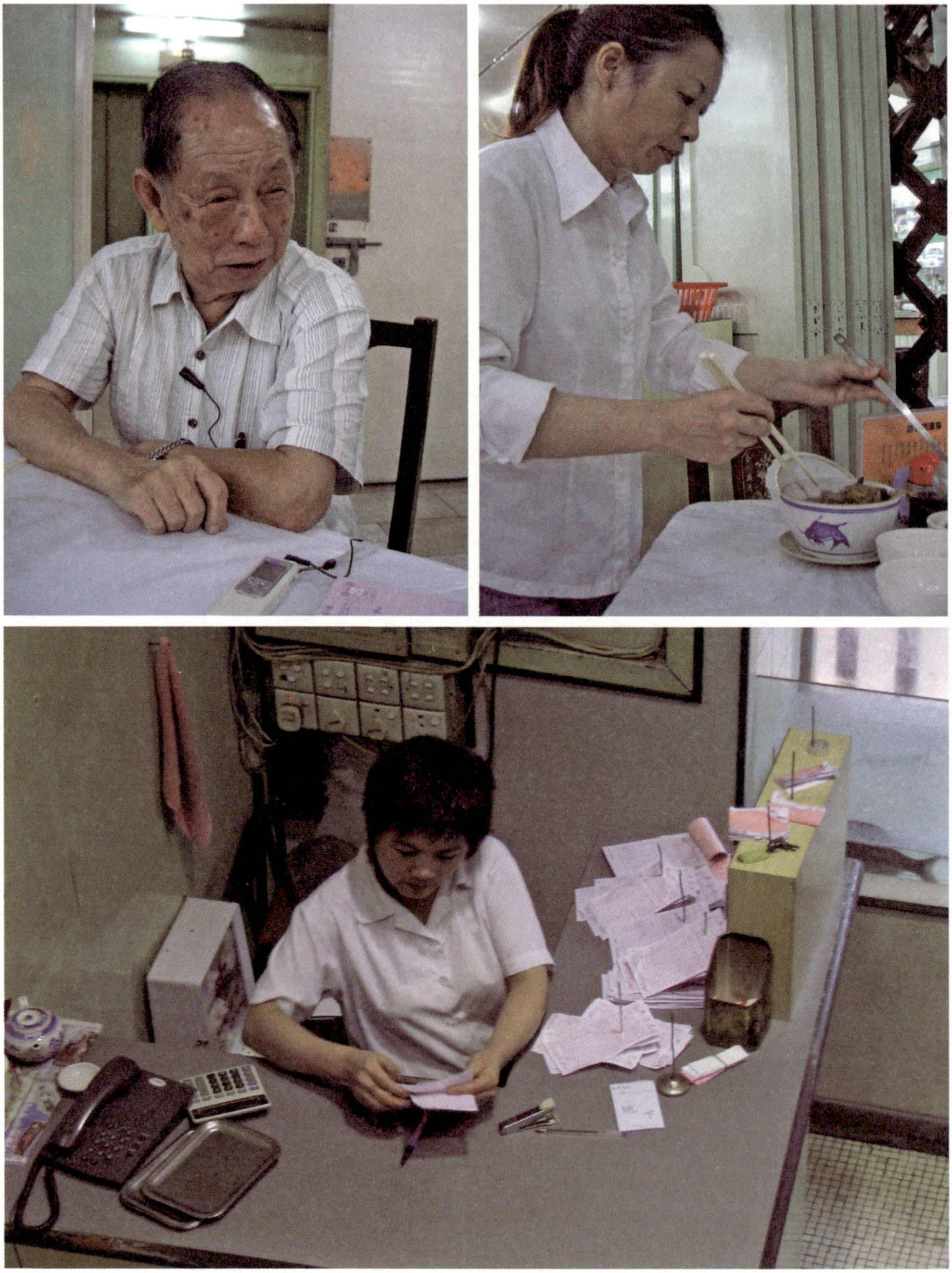

· 接受采访的陈炽先生，以及正在工作的两位店员 ·

令他印象最深的是在香港回归时，陈先生想借此庆贺一番，便提出在回归日，只收客人账单的五成费用，希望薄利多销。初时以为没有什么大问题，只试一日收五成而已，怎知道过了一日之后，生意依然淡薄，反倒还要亏蚀。

最淡的时期，兰香阁的叉烧包只卖四元一笼，河粉只卖五元一碟。如此贱卖，究竟是什么原因呢？原来当时科网股急跌，伤及中小阶层，人人都亏损累累，包括陈先生自己亦亏损了一些，很多人都因此变成了负资产，消费力下降，所以兰香阁才推出这些优惠。

后来经济好转，叉烧包才升回至七八元一笼。

·在兰香阁吃早茶的顾客·

· 厨房里忙碌的工作人员和大厅里悠闲的顾客 ·

现在陈老板希望十六浦快点开张，带些旅客过来这边；又或者将来轻铁建起，能够带旺此区。

来光顾兰香阁的客人大多数是街坊，现在也有三行工人来光顾。因为兰香阁对团体旅客有优惠，早餐只收每位旅客十五至十八元，粥、粉、面、饭应有尽有，性价比如此之高，所以天天都有跟团旅客在这里吃早饭。因为其他的客人大多数是八点多来饮茶，所以旅行社一般会在早上六点多就带旅客过来吃早餐，到了七点多就带他们走。自由行的旅客则很少光顾。

既然是饮茶的地方，陈先生就要为顾客精心准备茶叶。但是在过去，澳门并没有卖茶叶的地方，陈先生要购茶只能去香港。以前的顾客大多喜爱六安茶叶，现在最受欢迎的茶叶有普洱、铁观音、香片、水仙等。很多人则喜欢自己调配茶叶，如寿眉混合水仙等，都是按照各人的喜好。至于泡茶的水，以前兰香阁的工人每天都要开车到二龙喉公园，从公园山顶上的水塘边接山水，然后把运回来的山水储放在兰香阁天台上的水池里，以便用这些水来冲茶，就是所谓“山水名茶”。可惜现在早已没有了，曾经做过“山水名茶”的茶楼大多已经倒闭了，如得来茶楼、远来茶楼等。

现在兰香阁亦只用自来水来冲茶，因为整个环境已不同了，二龙喉的水塘也被拆毁了。另外，以前冲茶是侍应拿着一个大水壶帮顾客冲茶，现在则是用电水炉煮水来冲水到小茶壶。

·从兰香阁二楼俯视一楼大厅·

· 兰香阁厨房一角 ·

提及当年，陈炽先生亦有过不少难忘的经历。就在兰香阁营业一个星期后，香港便发生暴动。此次暴动的原因是香港人反港英政府，吓得人人都不敢收港币。但是有很多客人是以港币来付钱的，陈先生想："不收港币是不可能的，既然没有人敢收港币，就我收吧！最多将收到的港币留起来当作纪念品了。"

没想到，三天之后，澳门又重用港币。于是人人都说陈先生有先见之明，街坊都对他更有信心了，客人又多了一倍。

当时不只街坊称赞他，南光公司的老板也称赞他。当时因为香港发生暴动，还造成米粮短缺，连饭店和茶楼都不肯卖饭。陈先生坚决说："不用怕，依旧卖给客人！"所以连何贤先生都支持陈先生，叫南光公司提供米、鸡蛋给兰香阁。当时全澳门只有兰香阁才有米和鸡蛋卖给客人，但陈先生并没有因为这样而起价。所以街坊才会一直支持兰香阁到今天。

兰香阁的生意在高峰时有一百二十名员工，所以兰香阁又要了第三层作为茶楼。

不过现在，员工只剩二十人左右。但最令陈先生感动的，是员工对兰香阁的一份情。前几年，兰香阁的生意不是太理想，所以虽然兰香阁内里的墙壁颜色已变得十分暗淡，但腾不出经费装修。员工们十分明白公司的处境，于是他们放工后便留下帮忙装潢。

一间成功的酒家莫过于像兰香阁一样，拥有一群团结的员工。

兰香阁的特色

澳门有很多酒家，竞争大是必然的事实。陈先生深信，只要食品的质量不下降，且做出顾客喜欢的食品，便能够吸引顾客。而兰香阁有几种食物是颇为著名的，如煎糯米鸡、鸡蛋挞、叉烧酥等。很多名人如何政溪、陈兰芳等，都很欣赏兰香阁的点心，而且他们也会给兰香阁提出很多建议。如兰香阁的中山粽，根据很多美食家的意见改良而成，而改良出来的中山粽，在别的酒家是吃不到的。所以陈先生在内地、香港都有颇高的知名度。现在内地很多酒楼都邀请陈先生去教授厨师如何烹调食物。

兰香阁的月饼也十分出名。陈先生介绍，兰香阁的月饼放进口中时，莲蓉在口中慢慢融化，口感十分美妙。兰香阁的龙舟粽亦为葡萄牙、新加坡的媒体所认可。

如果您去到兰香阁，不妨一试。

守望澳门超过半个世纪
——裕利饼家

在昏黄的灯光下，古朴的吊扇吹起阵阵沁心的凉风，不时飘来阵阵烧烤的香热气，眼前色彩缤纷的饼盒满载着游人对亲友的心意。白发苍苍的老东主笑容可掬地向我们诉说着昔日的点滴，流露出对从前的缅怀。

·裕利饼家的铺面·

·裕利饼家整齐有序的货柜·

比东主年龄还大的吊扇

裕利饼家最初是由李根先生在海边新街 159 号创立，当时只售卖蟹、蚝油和咸鱼等货物。1950 年迁至现址作扩张并加卖饼食，至 80 年代，由于蟹只逐渐减少，他们便转营牛肉干。与此同时，裕利亦正式成为一家以售卖饼食为主的店铺。此饼家属于家庭式经营，现在已是第二代了，由创办人的儿子李洪先生及其妻子打理。他们秉持“老实待人接物”的宗旨，正如老东主所说：“虽然在生意好的时候把价格提升乃是人之常情，但我们从不会这样做。”

裕利饼家位于新马路 130 号，是一栋楼高三层的建筑物。楼下用作门市部，楼上则丢空作货仓。老东主向我们笑说，店铺的外观数十年如一日，内部的装修格局亦没有大改变。然而，最特别之处要数天花板上悬挂着的吊扇，它甚至比老东主的年龄还要大。当初以为这吊扇很快会坏掉，但一直正常运作，十分耐用。有时若忘记关掉，它甚至会全天候转动。

饼店门口的纸皮石和天花板上的隔音纸，都是这家老手信店历久不衰的证明。这古典味浓的老号名店在历经多年沧桑变化后，仍然站在这瞬息万变的小城街头。

裕利饼家是一家守望澳门超过半个世纪的老手信店，以制唐饼和礼饼为主，并兼营代理。杏仁饼、光酥饼、凤凰卷和牛肉干等食品更为该店的驰名特产。在 20 世纪 80 年代，曾经有人跟他们洽谈做批发，但由于工场较小，加上以前亦曾做过往香港的小型批发，销售量并不理想，所以双方始终没有确实实行。

饼家从前每逢农历节日，都会制造一些应节食品，如在农历新年制作贺年糖果；端午节便售卖粽子；到中秋节，则要从大清早开始搓莲子、除莲芯……这都是我们青年一辈未曾目睹的一些传统习俗。

最兴旺时期的故事

裕利饼家生意最好的时期是 20 世纪 60 至 70 年代。当时大部分人以购买蟹和蚝油为主，但那阵子市面上所售的货品种类比较单一，市场的竞争较大，因此他们便在后期加卖饼食。由于当时蟹的销量很好，连带提升了饼食的销量。老东主笑道，营业多年来所发生的最高兴的事情，便是食品一边还未出炉，另一边已卖得精光，供不应求。

最惨淡时期的故事

1966 年 12 月 3 日，澳门发生了一次较大规模的群众运动。

1966 年底，澳门氹仔居民自筹经费兴建坊众小学，因多次向澳葡政府申请修建校舍未获批复，便在兴建地点自行搭建竹棚，澳门市政当局派人强迫停工，当地居民不服，双方对峙。11 月 15 日，澳葡当局出动军警殴打民众，打伤 34 人。氹仔居民对此表示抗议，并提出 5 项要求。澳门各界代表亦支持氹仔居民的要求。12 月 3 日，澳门各界代表为氹仔事件赴澳督府请愿，澳葡当局派军警殴打请愿代表，致使 45 人受伤，激起澳门市民极大的愤慨，市民纷纷走上街头，抗议当局的暴行。市内发生骚动，而澳葡当局不顾一切地镇压群众，造成人员伤亡，这就是澳门著名的“一二 · 三事件”。12 月 5 日，澳门中

· 裕利饼家招牌食品的广告牌 ·

华学生联合会向澳葡当局提出 5 项严正要求。澳门市民的抗议行动，得到中国内地人民的支持。12 月 9 日，广东省人民政府外事处向澳葡当局提出 4 项严正要求，包括接受氹仔居民的 5 项要求和中华学生联合会的 5 项要求、严惩凶手、赔偿损失、不许蒋介石特务在澳门活动等等。12 月 11 日，《人民日报》发表了题为《严厉警告澳门葡萄牙当局》的评论员文章。1967 年 1 月 29 日，澳葡当局被迫宣布无条件接受所有要求。“一二・三事件”告一段落。

在“一二・三事件”动乱时期，总督曾颁令戒严并实行宵禁。当时人心惶惶，游客很少，生意达到前所未有的最低潮，是最为惨淡的时期。

最难忘的故事

20 世纪 90 年代，裕利饼家连续失窃了三次。据老东主所述，贼人每次都是从天台偷走进来的。尽管当时报了警，警方亦查不出真相、捉不到贼人。因此，他们只在第一次窃案后报警，此后再也没有报案了。

第一次失窃发生在岁晚，匪徒甚至把夹万（即保险箱）带到二楼拆开，该次损失了数万元和少许货物。此后，他们当然不会再把大量的金钱存放在店内，但任何搬得动的货物都被窃贼搬到隔壁拆箱。幸好邻居发觉楼上有异，立即联络上东主一家。当他们赶到现场时，看见天台堆满了货物，约有十二袋。幸运的是因为货物太多，贼人来不及搬走，所以大多数被东主截回，但窃匪始终下落不明。是次除损失了数千元和少许货物外，还包括东主四处藏起来的人民币，店内的第二个夹万亦被撬坏。

第三次失窃案发生时，他们已在天台养了两条大狗，但贼人喂下了毒的鸭头给它们吃，所以狗都被毒死了。当时的门户已经弄得十分稳固，贼人还能进入且携带毒药，因此老东主断定贼人是有备而来。

在短短几年间，裕利饼家被贼人接连盗窃了三次，虽说当时邻近的商店亦有被盗，但此店被盗的频率的确比别店大很多。

那段时期，澳门失窃案的发生率可说是历年来最高的，店铺被窃的消息接二连三地传来。当时即使派人留守在店内亦无济于事，因为贼人十分猖獗。

老店今昔

1. 营业时间

从前由 08：00 到翌日的 02：00（若遇到节假日甚至会到 03：00 或 04：00）。

现在由 08：45 到 19：00。

2. 内部格局

从前会在贴近侧门的墙上挂上咸鱼，后期亦曾迁到柜台旁边的墙上悬挂，并装上玻璃。为了解决咸鱼在潮湿天存放会漏水的问题，他们把售卖的腌制咸鱼改为插盐咸鱼。因为插盐咸鱼已经去掉了鱼鳃和鱼肚部分。

·裕利饼家售卖的各式货品·

现在由于已不再售卖咸鱼，于是在侧门旁边放置了一个货柜。其他地方没有大的变动。

3. 年代特产

从前除各式各样的崩砂、糕煎、牛耳、京都酥糖等食品外，只有蛋卷、凤凰卷、盲公饼、杏蓉酥、椰蓉酥等，且以铁罐作容器。

现在单单杏仁饼就有四种款式：蛋黄肉心杏仁饼、迷你蛋黄杏仁饼、杏粒杏仁饼和肉心杏仁饼。还有牛肉干、凤凰卷、光酥饼等大量特产可供选择。另外，所代理的货物种类繁多，如香港的虾膏、虾酱，葡国的垃圾草（即熏衣草）与澳门的纽结糖、芝麻猪油膏、花生软糖和皇母蟠桃糕等。

· 裕利饼家的招牌杏仁饼 ·

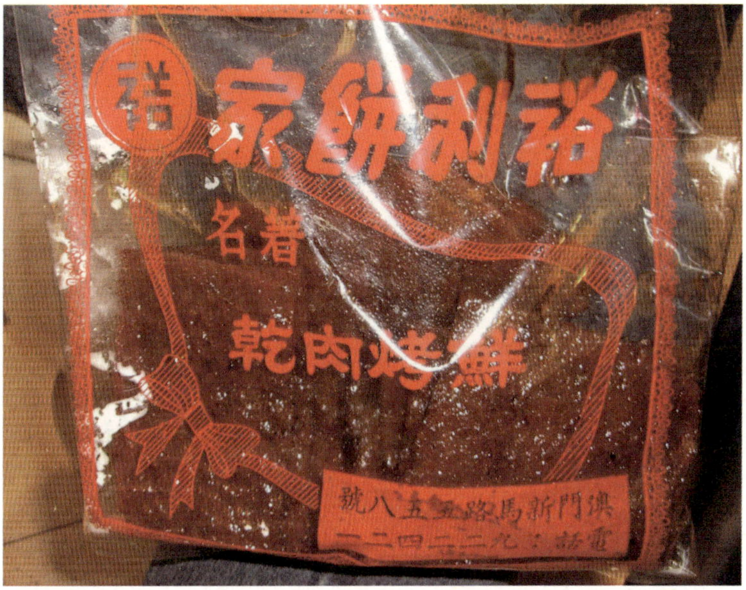

·裕利饼家的招牌鲜烤肉干·

4. 货品价格

从前的光酥饼 12 个卖 1 元。

现在的杏仁饼、蛋卷等盒装食品一般是 1 盒 15 元。

5. 客人来源

从前佛山、德星的大船都停泊在这附近的码头，客人上岸以后便会购物；另外，在跑狗之后亦有客人光顾。当时这里是人们的必经之路，人流十分畅旺。

现在由于码头只作货运用途，人流大幅减少，所以主要做老顾客的生意。

6. 制造工场

从前工场就在店内的三楼，天台则是制作猪油膏的场所。

现在工场已搬至别处。由于这栋建筑物是旧式楼宇，不能负重，加上政府也不批准，便撤销了工场。

7. 雇用员工

从前的分工主要有柜面、售货员和师傅等。大部分的员工都在20岁以上，并不会聘用童工，年纪最大的约50多岁。在最高峰期，店内所雇的员工有十二三人，以男士居多。女士一般是负责煮饭和收拾。

现在店内工作主要由李洪先生夫妻负责，店内还有一名雇员。

8. 员工福利

从前的月薪是200至300美元，这在当时不算少了。另有双粮和理发津贴等。如有一些卖剩的零碎货品亦会派送给员工，但没设立员工宿舍，员工下班以后就直接离开。

现在月薪已上升至几千元，而其他的福利大致上没有了。

·裕利饼家现任店主李洪·

9. 广告宣传

从前只做过戏院的银幕广告，就是在电影正式放映前在大银幕上播放店铺宣传。但做得并不多，也不曾登报。

现在则已经不做任何广告了。

10. 别号饼家

从前裕利所在的街道两旁尚有很多饼家，如显记、源记、恒香等。

现在位于对面的显记已经歇业十多年了，它的开业时间是最久远的；源记还在原来的位置，但现在的老板已不是当时的老东主了。

时至今日，裕利饼家在老东主夫妇退休之后的未来尚未明确，也许要视乎他们的媳妇会否继承而定。

访谈中，我们时常感受到老东主所流露出的对往昔的怀念。正所谓光阴似箭、日月如梭，人的一生匆匆便晃过去了，过客往来不断，曾以为是难以忘怀的回忆亦难敌岁月的洗礼。上一代人的故事，只能依靠我们青年一辈去发掘、传递。

烂鬼楼区

医生开玉器店——二合店

名称由来

以前的人开店做生意，多数会用自己的名字加上一个“记”字，店名就这样信手拈来。所以当笔者看到“二合店”这个店名时，感觉比较特别，心里猜想，“二合”二字应该不是人名吧？一问之下，得悉这个店名，其实寄托着店主的一种美好意愿：希望买方和卖方均觉得购买和卖出的价格适合，双方完成交易后会满意地微笑。“二合”就这样而来。

· 二合店在关前正街19号的铺面 ·

行医与开店

现在二合店的店主，是已届九十高龄的江少鹤老先生。他年少时跟从父亲江云鹤学习中医，半年便已略见成绩，获授牌匾称许。日军侵华期间，江老先生在广州行医。

1979年，他加入澳门同善堂赠医施药的行列，把自己的学识施展到黎民百姓身上。每天上午九点，江老先生开始到同善堂上班，十一点下班，当时的月薪是五百元。

虽然只有短短的两个小时，江老先生说，当时的病患多得惊人，医生每天诊症超过一百宗，连医生自己都快要累出病来。原因是当时有很多人从内地迁居澳门，大部分新移民并非富有人家，身体不适时，他们多数会到同善堂求医，因为免费的服务可以为他们省下些钱。

下午，江老先生就去氹仔一间药材铺驻诊，但并没有维持很长时间。后来他每天下午没有工作，就经常去朋友工作的当铺打发时间。

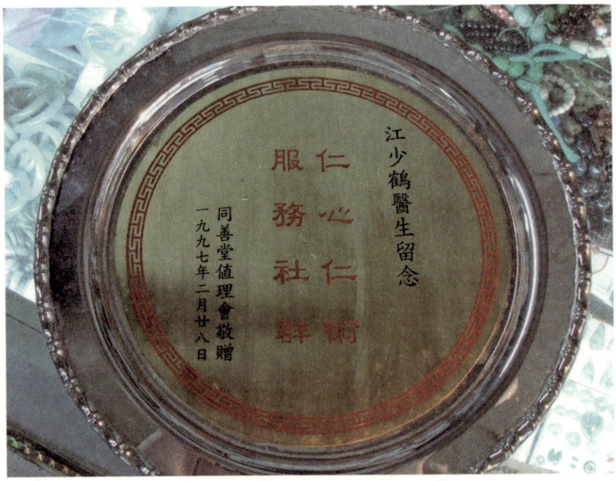

·1997年，江少鹤先生从同善堂退休·

· 江少鹤夫妇与访谈员刘冬怡 ·

待得久了，他发现当铺出售的很多断当的物品都很有价值，其中之一就是玉器。江先生灵机一动，找来另外两位朋友，决定每人投资五千元，然后租用现在位于关前正街 19 号的铺位，于 20 世纪 80 年代早期，开始了玉器店的生意。

当时他们用了一万元顶让费，收下这个原本名为“新记”的售卖石器的铺位。现在二合店里，仍有少许当时留下来的石器出售。

· 二合店琳琅满目的玉器和石器 ·

自从有了自己的店，江老先生上午是同善堂的大夫，下午就是二合店的主人，这个状况一直维持到 1997 年。那年的江老先生已经八十岁，便从同善堂退休，专心致志地经营二合店。

后来另外两位友人退股，只剩下江老先生一人继续经营。以前，店内的玉器大多源自澳门及香港的当铺，现在除了售卖玉器及石器外，还有一些瓷器摆设。

名家手笔

店内货品的价格相宜，符合“二合店”的宗旨。在店的中央，有被裱起来的“二合店”三个汉字，写字的是商承祚先生。

商承祚（1902—1991），字锡永，号契斋，是中国著名的古文字学家、考古学家和书法家，也是江老先生的朋友。他早年师从罗振玉，廿一岁就编成《殷墟文字类编》，该书是我国最早的甲骨文工具书。其在教学生涯中曾任教于内地多所名牌大学。那三个字是他于 1986 年为二合店写的，当时他任教于广州的中山大学。

玉器店的生意在 1999 年开始走下坡路，加上该区老化，纵使葡式碎石路就在店门外，仍未能激活这片区域，游客稀少。

这个以前人流如织的烂鬼楼区，难以掩饰繁华后的沧桑。而今，二合店的命运只系于江老先生一人手里，相信在未来的日子，江老先生仍会默默地坚守二合店到最后一刻！

· 二合店门外的葡式碎石路 ·

朱记的一双旧皮鞋

朱记位于关前正街的路口，是一个具有五十八年历史（时为 2007 年）的修鞋摊档。贩东朱佐先生自新中国成立以来，白手兴家，建立了朱记。时至今日，在这日益喧嚣的城市里，在那车水马龙的街道上，依旧能看到朱记的身影，它依然在为服务这个小区的街坊而不懈努力。

朱老板的童年

1927 年，朱记的创始人朱佐先生在广州南海九江出生。1938 年，广州沦陷，日军占领了朱先生的故乡。当时正上小学三年级的朱先生被迫辍学，而他无忧无虑的童年也一去不复返。

朱先生的父亲带着年仅十一岁的他来到澳门打工。朱先生小小的年纪便要背负起家庭的重担。他是家乡母亲和弟妹的希望，他要凭着自己的双手，去创造财富，去挽救家中惨淡的光景。由于朱先生没有受过正式的中学教育，年幼的他只能去从事造鞋、修鞋的行业，以解燃眉之急。

战乱中的澳门，人们吃饭都吃不饱，不少难民饿死街头。贫困中的澳门人，生活普遍节俭，对生活用品也万分珍惜。脚上穿的鞋子，不管多么廉价，总是补了又补，一穿就是好几年。因此，修鞋行业便应需而生了。

一开始，朱先生在冯记鞋业摊档当学徒。由于初当学徒的朱先生懂的不多，只能协助冯记东主做一些杂务工作。当时冯记的流动摊档不属于合法贩卖，经常会出现“走鬼”的场面，所以朱先生就时常要“睇水”或“把风”（即观察四周的情况，看看巡察员出现与否）。

当时的澳门并没有很多造鞋铺。朱先生回忆，当时他们每天都会在家中预先造好五双或以上的唐装布鞋，留待翌日售卖。每双鞋售价一至两元不等。他们通常都是过着“看天吃饭”的日子，街市畅旺的时候可以卖得十双鞋，而有时只能卖得一两双，生意不太稳定。

面对当时战乱的困境，东主并没有发放工资，只是提供朱先生的食宿。到了抗日战争胜利以后，才正式发放工资，每月大概五元。

就这样，朱先生十二年如一日，每天勤勤恳恳，缩衣节食，直到二十三岁那年终于出师，有了一个自己的小鞋摊，自己当起老板，继续从事修鞋、卖鞋的生意。

立业经过

以前的鞋档，卖的基本都是自家造的唐装鞋，而现在卖的则是从内地进口的现成皮鞋、布鞋、球鞋。鞋的价格比以前翻了好几十倍，而补鞋的价格，是由朱先生根据鞋的损坏程度而定的。所定的价钱不能太贵，因为价钱倘若过

·位于关前正街路口的朱记鞋档·

高，很多人便宁愿买一双新的。所以一般补鞋的价钱是十至三十元不等，有时五六十元也是有的。

客人来补鞋，多数是先下少量订金，取鞋时再给剩余的。至于多少天可以取鞋，那要视乎朱先生的工作量而定，一般在两三天内便可以完工。

现时许多从事补鞋的鞋匠，亦会替人补手袋、书包、皮带、雨伞等，以增加收入。

以前来光顾的主要是一些工人和疍家佬（即上水人）。他们大多会购买两双唐装鞋，若遇到发薪会买得更多。20 世纪七八十年代，生意最为兴旺，很多制衣工厂的女工都会蜂拥前来购买内地进来的鞋。这是因为当时从内地进来的鞋子价廉物美。

现在前来买鞋的基本是本地人，他们除了买鞋，也会购置一些鞋垫。来补鞋的客人，多是办公室小姐们，她们来补鞋跟。现在的客人少了很多。

其实，补鞋业最大的困难就是收入不太稳定。每逢台风季节，朱先生有时一个月便会有十多天不能开档口做生意，当然也就没有了收入；然而，适逢天朗气清的日子，亦不一定会有生意，特别是现今市道越来越畅旺，人们的生活越来越好，物质十分充裕，这一切都使得来补鞋之人少得可怜。

今天的澳门

在 20 世纪七八十年代，关前正街与附近的草堆街、十月初五街等，均是澳门的中心。当时正是关前正街的黄金时代，亦是造鞋修鞋行业最好的时期。随着经济的快速发展，社会的不断进步，生活水平的上升和市民对物质享受程度的相应提高，过去老一辈人对衣裤帽鞋缝缝补补的现象已经消失殆尽。

在现今这个物资丰富又讲究效率的时代，年轻人对于一些破旧了的衣物，都是直接另行买过而不愿大费周章去修补。正因为如此，前来修鞋的人大幅减少。

问起朱先生是否希望自己的儿女承继父业，他表示儿女们各自有自己的前途，他不会强迫他们。青年一代对补鞋业没有兴趣，亦不想继承这个行业。因为他们都认为这个行业的收入不多，又没有前途。现时朱先生的儿女大多入职公务员，所以他的生意也许后继无人了。

随着生产力的不断进步，市面上的鞋子也越来越便宜。现在买一双新的鞋子，要比补鞋更便宜、更耐用。从如今的市场竞争来看，补鞋业也必定会走向衰落，甚至会为社会所淘汰。

朱先生也会参与一些街坊会、工会、鞋业工会等，同时也十分热心参与公益慈善活动。

·朱佐先生与访谈员林婉华·

问起朱先生对今天的澳门有何感觉，他表示："就我个人而言，其实是大同小异，只是现在比以前多了车。这一区以前其实十分兴旺，现在则是车多人少。"他说，以前他就是住在自己档口对面的大厦，现在那里已经成了地盘工地。

"朱记"对于朱先生来说，有着重要的意义："以前我是靠朱记来养家的，收入完全靠这间鞋铺。现在自己的孩子都长大了，可以自食其力，其实我也不再需要自己赚钱。现在出来修鞋，只是让自己闲时有些东西做而已。"

对于朱先生来说，"朱记"就是他的老伴，是陪伴着他一生打拼的好知己。

结语

小时候，我时常跟妈妈聆听八九十年代的老歌曲，其中那首《一对旧皮鞋》时常触动我的心灵。“梦里又再遇见故乡里的街，老爹两手颤抖补鞋，没法为你奉上冷糕饼一块，老爹竟说我乖……”歌曲讲述了女儿要到省城工作，当父亲的只能赠予她一双皮鞋。时间流逝，女儿没有因为鞋子破旧而将其丢弃，反而一直带在身边，时时刻刻陪在她左右。整首歌曲以一双旧皮鞋贯穿了父女分隔两地的情结。

我想，多少人为了摆脱困境，为了维持生计，只身离乡背井，去闯、去

·修鞋的工具（一）·

奋斗。每天晚上，当他们与家乡的亲人看到同一轮明月，是否得到心灵上的慰藉呢？

同样地，这个故事使我想起从小便要为生计奔波劳碌的朱佐先生，亦使我感受到澳门是一个充满着爱与勤劳的城市。正是由于那些兢兢业业的市民，他们默默地为整个社会做贡献，才使得这个社会变得更加动人、可爱。

补鞋业虽是一种不起眼的行业，但却反映了这几十年来澳门的转变。而今天的朱先生，他依然本着自己的信念，为社会服务。

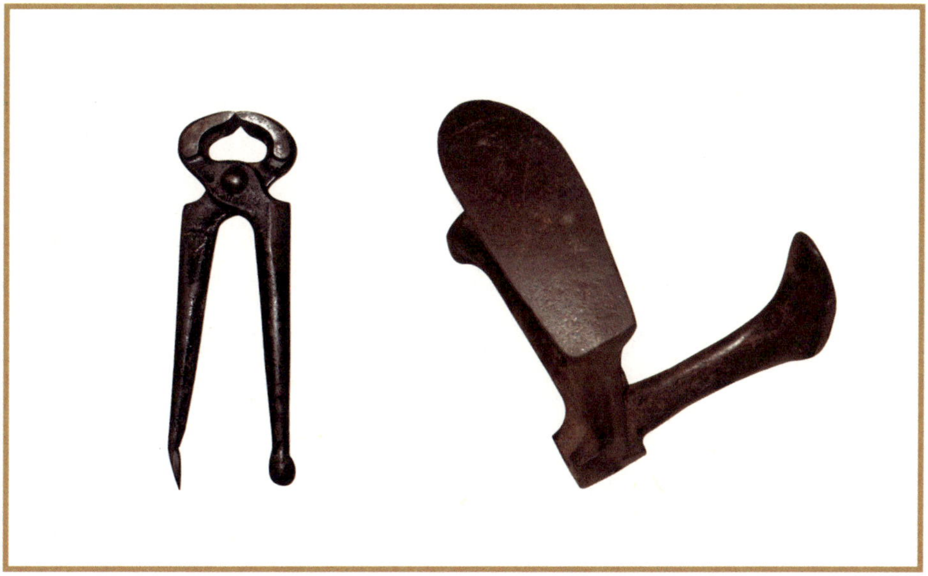

·修鞋的工具（二）·

甜蜜的日子——珠记糖水

珠记的起源

位于关前正街街口的珠记糖水由区世德先生创立，至今（时为2007年）已有五十多年的历史，经历了三代人。从老一辈的艰辛创业到现在的苦心经营，三代人都经历了不少环境的历练，也见证了澳门半世纪的变迁。

区世德先生育有一子一女，大概是因为当时重男轻女的观念吧，区世德先生过身后，摊档便由儿子区珠继承，于是没有名字的流动摊档便改名为珠记糖水。后来因为某些原因，区珠又尝试售卖过其他品种的食品，如甘蔗、雪糕、咸酸（腌制的果品），但最后还是重拾父亲的老本行——卖糖水。

现在珠记已传至第三代，由区珠先生的小女儿区淑仪小姐继承。区淑仪女士有六兄弟姐妹，父亲过身后，母亲因没有能力独自担当起经营糖水档的重担，便萌生出两个念头：一是把经营三十多年的小生意结束，二是把经营权下放给儿女。于是区淑仪女士便舍弃了当时发达的制衣业的工作，转投家族的小生意。

· 2016 年补摄珠记糖水在关前正街上的摊档 ·

据区淑仪女士忆述，她的祖父在早年曾经经营过不同的流动小贩生意，卖过甘蔗及糖水，大概是因为卖糖水的生意比较理想，便继续经营。当时是以铁架架着两大桶芝麻糊和喳咋糖水及一些器具，然后用担子担着，以走街叫卖的形式经营。一开始，为了逃避政府的税收，区老先生便从前山到关前正街一路沿途叫卖。到后期才向政府申请了在关前正街设置固定摊位，从此安定下来。

经营的历程

20 世纪七八十年代，关前正街人流畅旺，糖水档的生意更是蒸蒸日上，每天能卖上过百碗的糖水。当时一碗糖水大约只售五仙，经过半世纪的通货膨胀，现在一碗糖水就要五元了。

·2007 年所摄珠记糖水的摊档·

· 制作糖水的过程 ·

二十多年前，珠记糖水曾在炉石堂附近开设夜市。每天清晨六点，区珠已在工场熬煮当天要售卖的糖水。那时候的区淑仪女士只是个十岁的天真女孩，每天下午四点，她的母亲在关前正街设档，放学后区淑仪便马上赶到档子，帮母亲打点东西。大约六点，她就拿一张桌子去炉石堂霸占一个有利的开档位置，一边做功课一边守着。到了七点左右，她母亲就会把载满糖水的手推车子从关前正街推往炉石堂开设夜市。直至十二点左右，区珠夫妇才拖着疲累的身躯踏上回家的路途。

从 1979 年开始，黑夜下的炉石堂，总会塞满违例停泊的机动车辆。这个大环境的转变，再加上小孩子渐已长大成人，各自出外谋生，没有时间到档位帮忙，自此珠记糖水就不在炉石堂开夜市了。

为了顾客的口福，珠记糖水坚持每天营业，公众假期也不例外。由于是露天摊档，每当遇上天气恶劣的时候，档主也得休息一天；要是在夏天这个多雨多台风的季节，有时候还要休业几天呢！

当贝雷帽遇见燕尾服
——记裕成洋服

关前后街 25 号，是一间 1965 年开业的裕成洋服铺。在以售卖中国传统商品如玉器、中药和明清家具为主的关前后街，裕成洋服显得有点特别。这也是它吸引我们注意的原因。

裕成洋服的历史到底是怎么样的呢？它为什么在关前后街这个地方开业？它和普通的洋服商行有什么不同呢？带着这些问题，我们采访了裕成洋服的老板黎光藻先生。

华人老板“Antonio Manuel”

黎先生今年已经七十有余，街坊见到他当然礼貌地叫一声“黎叔”或者“黎伯”。而许多葡萄牙人和土生葡人，都亲切地喊他“Antonio”。在他给我们的名片上，我们看到了他的葡文名字：Antonio Manuel。我们就很好奇：黎先生怎么会有葡文名字呢？而且还是葡文的姓，这在澳门华人里是非常少见的。黎光藻先生告诉我们，1999 年以前，他的顾客绝大多数是葡人，而他们对中文的发音非常头大，比如“黎”这个字音对他们来说，就好像辨识甲骨文

· 裕成洋服在关前后街的铺面 ·

一样困难。黎先生为了方便葡国顾客称呼，所以就取了 Antonio Manuel 这样一个葡萄牙味十足的名字。

黎光藻出生于 20 世纪 30 年代的一个制衣世家，他父亲在民国时代就以售卖成衣为生。自幼对成衣生意耳濡目染，黎光藻先生自然而然地就对制衣行业产生了浓厚的兴趣。后来在就读学校和专业问题上，他选择了就读鲍思高学校的制衣课程，希望能成为一名出色的裁缝。

毕业之后，黎光藻先生去了一间当时非常著名的洋服商行做学徒，一边干活一边偷师，学会了多种洋服的制作方法。在此期间，他一直省吃俭用，慢慢地便积攒了一笔资金，终于在 1965 年，他有了自己的洋服铺头，这就是我们今天看到的裕成洋服。

中葡军服的制造者

在澳门回归以前，裕成洋服的顾客主要是葡人，而且是葡国军人。这是因为裕成洋服是一间做军服起家的洋服商行。

黎光藻先生之所以投身军装制作，也是机缘巧合。当年他在鲍思高学校学裁缝的时候，就在附近的鲍思高兵营里结识了不少葡国军人。他们交往密切，这些士兵经常给黎先生讲一些军队里面的新闻。

就在裕成洋服开业之初，一位葡萄牙的朋友告诉他：葡萄牙政府军队要在澳门本土制造一批军服，会在洋服铺头里面进行招标。听到这个消息之后他非常兴奋，便立即准备投标所需要的各种文书，同时也努力学习制作军服的方法。

凭借他高超的裁缝技术和与葡国军队的良好关系，他顺利竞标成

·黎光藻先生早年与葡国士兵的合影·

· 黎光藻先生珍藏的葡国士兵送给他的照片 ·

功，裕成洋服成为第一批为驻扎在澳门的葡国政府军队制作军服的洋服铺头。

军服说起来只是一个概念，似乎按照一个样板就能够批量生产，其实不然。黎光藻先生告诉我们，军服看上去虽然相似，在细微处却有着很多的不同。比如不同的军衔，就要缝制不同的肩章；不同的兵种，要加上不同的领章和帽徽；等等。而纽扣的钉法、纽扣的规格等细致之处，葡国政府更是有着严格的要求。所以要做好一件军服，并不是那么容易。

由于军服的特殊性，必须采用一些耐磨、坚韧，又透气、舒适的面料。这些面料的选择，也曾令黎光藻先生颇费心思。

如此高要求、细做工的军服，价格自然不会便宜。在20世纪60年代末，物价还很低的时候，一套军服就要40到50元澳门币，和当年一套名牌西装的价格相仿。而一套专门定制的军礼服，则更加昂贵，一般只有高级军官在出席一些重要场合的时候才会制作穿着。

黎光藻先生曾经给几代澳门总督和葡国的高级将领缝制过军礼服。我们现在看到的一些澳门旧照片里，许多军官的行头，都是来自关前后街的这间裕成洋服。

黎光藻先生兴致勃勃地拿出了一大本相簿给我们看，里面有许多葡国士兵的照片。原来在当年，裕成洋服也负责给士兵修补破损的军服，当然更多的士兵选择来裕成洋服再度身定做一套新的军服。而那些葡国士兵为了答谢黎光藻先生，便按照当时的风俗，送一张自己的照片给黎先生做纪念。

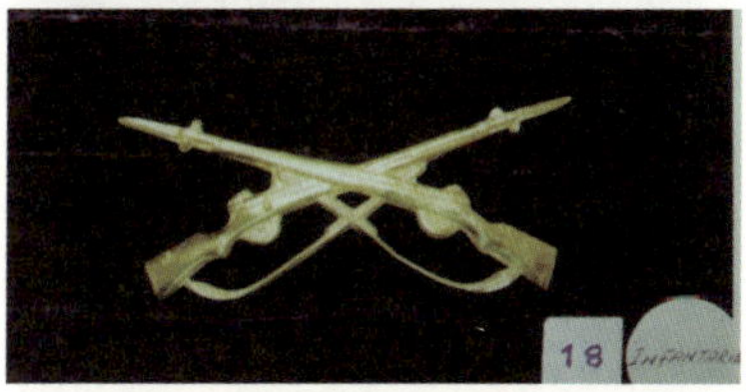

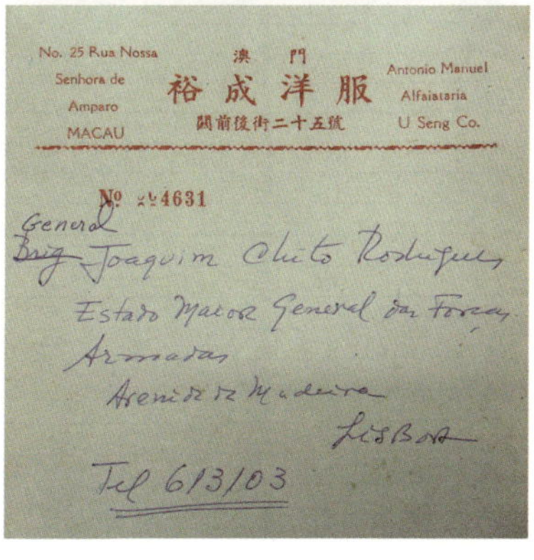
No. 25 Rua Nossa Senhora de Amparo MACAU

澳門 裕成洋服 關前後街二十五號

Antonio Manuel Alfaiataria U Seng Co.

Nº 204631

General Brig. Joaquim Chito Rodrigues

Estado Maior General das Forças Armadas

Avenida da Madeira

LISBOA

Tel 613103

·裕成洋服的订单和部分肩章、领章等·

·葡国士兵身上的军服由黎光藻先生制作·

·黎光藻先生与友人留影·

好笑的是，有的时候士兵拿了军服，却没有及时付款，于是在每一批葡国士兵调防之前，黎先生都要拿着欠款的名单找到负责发放军饷的士官，在欠款士兵的军饷里扣回余款。而上了裕成洋服“黑名单”的士兵，往往也会受到军官的惩罚。

在这本相簿里面，我们看到了许许多多不同款式、不同剪裁的军服。黎光藻先生向我们介绍不同的徽章：两把刀交叉的是宪兵，两支枪交叉的则是普通的步兵，两门火炮交叉的是炮兵，十字标志的是医务兵，而有三间房子的是工兵，等等。更明显的就是颜色上的不同：白色的是海军军服，绿色的是陆军军服，蓝色是防暴部队军服。此外还有帽子的不同，最早的葡式军服，都是戴一顶绿色的贝雷帽。许多士兵故意把贝雷帽戴歪，遮住一只眼睛，既显得帅气，又有一点葡萄牙人特有的不拘小节和玩世不恭的味道。

1999 年，澳门回归，成为中华人民共和国的特别行政区。葡国军队全部撤出澳门，取而代之的是澳门保安部队，也就是警察部队。

裕成洋服，也理所当然地继续为澳门保安部队提供制服以及配套衣饰。

最新式的澳门保安部队制服，以深蓝色为主，有四种不同的款式：训练制服、巡逻制服、防暴警察专用制服以及礼服。而新制服的设计，黎光藻先生也参与了讨论和设计。

·裕成洋服店内的军服成品及布料·

可以说，黎光藻先生作为澳门军服制作的元老级人物，也为澳门的顺利回归起到了添砖加瓦的作用。

1999年12月20日那天，澳门市民一早起床，看到街上的警察们已经穿着崭新的制服训练、执法，又怎会想到，这些崭新的制服，就是来自这间小小的洋服店铺呢？

·裕成洋服的店主黎光藻先生及店中陈列的各式徽章·

偏爱传统的"洋"裁缝

制作军服的同时，裕成洋服还为街坊日常服饰的制作提供服务。由于黎光藻先生接受的是欧式剪裁技术，所以他对制作西装以及燕尾服有自己独特的心得。

黎光藻先生对于度身非常重视。凭借四十多年的裁缝经验，他在裁剪布料上总是特别精准。他说他最喜欢的，还是传统的双排扣西装。他认为，很多新出的款式，往往会在几年之后就过时；而传统的，永远不会过时，无论是什么场合穿出去，都显得端庄大方。至于燕尾服，则难度更高，对服装的剪裁要求更加精细，在缝合的时候不能有任何一点差错，不然整件燕尾服就会全部报废，一切要从头来过。

在裕成洋服定做西装和燕尾服的顾客，无论是军方的高官还是普通的上班族，都对黎光藻先生的精湛手艺赞不绝口，十分满意。黎先生说，他的手艺是仿照意大利式的裁剪，因为意大利的西装注重剪裁的精细，对服装质地的要求也十分严格。每年，他都会专门订阅意大利的服装杂志，从西装式样的最新设计图样中获得设计灵感。

他最喜欢的，仍然是不时去香港看国际服装展。因为在服装展上，国际的知名品牌，都会推出他们最新的西装以及军装样式。更重要的是，服装展上有实物可供黎光藻先生观察材料的选择和制作的工艺，这样他就能够随时吸收最新的服装制作知识。

黎光藻先生真的是“活到老，学到老”。

中西文化的交融

由于长期制作军服和西装，黎先生一直都和葡人有着非常密切的接触，这也使得他的生活方式带有了一些西化的特征。比如在整个采访过程中，黎光藻先生一直在听着西洋歌曲，吃着腰果和曲奇。但与之形成鲜明对比的是，茶几上摆放着中式的盖碗茶。

这种中西合并的风格，从他的名片上也可看出一些端倪：一面是刚劲有力的毛笔字“裕成洋服”和“黎光藻”，一面却是传统但却花哨的英文哥特字体“Antonio Manuel”。

黎先生凭借着他对中西文化交融的理解，凭借着他对洋服文化的独特诠释，也凭借他赖以为生的军服生意，在如今洋服行业并不兴旺，甚至已经走下坡路的澳门，依然保有自己的一份坚持。

他也曾叹气道，如今的经济环境转变很大，旧时街坊邻居之间良好的氛围已经消失不见，被赌场酒楼的喧闹嘈杂取而代之。他也知道，现在像这样的传统生意越来越难做，而他的几位同行朋友也纷纷退休。

黎光藻先生在这困境中并没有退却，从贝雷帽到燕尾服，每一件裕成的洋服上都有着黎光藻先生的精神：平淡中带有一种不懈的努力，闲适里透出几分固执的坚持。

颐德行李康记——豆腐花

“花”开的声音

颐德行李康记，隐藏在澳门的街巷当中，但它那富有独特香味和质感的豆腐花，却吸引着络绎不绝的客人找寻它的味道。

颐德行李康记，位于澳门新涉头街，已逾六十年的历史。创始人李康，早年居于香港，并和其叔父在香港上环开设了一间名叫“昌记豆腐”的小型档口，后因日本攻打中国而逃难至澳门地区。

颐德行李康记前身颐德行，原址在清平直街 36 号，初以批发油米等为主，后来李康渐感单卖油米不足以糊口，就又开了一间店号——李康记，做回自己拿手的豆腐花和豆腐制品，在街市一带叫卖。

当时一碗豆腐花，只卖“斗零”至一毫的价钱，非常受人们欢迎，而初时的颐德行，则交由李康的姐夫打理。

• 位于新涉头街的颐德行李康记铺面

“花”香自苦寒

现在颐德行李康记店主，是李康的儿子李从启。他在香港出生后，随父逃难至澳门，十二岁左右开始帮父亲打理店铺并学习制作豆腐。经过不知多少个寒暑的用心尝试和恒心练习，终于学得一门制作豆腐的独特技巧。

当时的李康记，已传与李康的其他儿女且拓展了饭店的生意，而原先打理颐德行的家属又无意再经营下去，所以李从启就选择继承颐德行的招牌，以卖油米和豆腐花继续经营。其间，原址清平直街的店铺亦改迁了多次，从 36 号迁至 38 号、再迁至 40 号。终因清平直街一带建筑要被收回重建新式大厦，李从启不得不另觅新的铺位。

·李康记每天制作五百碗豆腐花·

·刻有“颐德行”字样的货秤·

曾经他打算在清平直街附近重开，但因租户问题又被搁置；而后选址于蓬来新街一带，可惜又因被租户压价而无法开张。

经过几趟的找寻，仍未物色到适合的铺位，李从启只好先把生意位置紧缩在当时李康记的二楼，以接听电话下单的形式，与外面的酒楼接洽取货卖货。

1987 年，李从启在母亲的帮助下，终于买入现在位于新涉头街的铺面，并遵照父母亲的愿望，继续扬起颐德行的招牌，将生意经营下去，遂成现在的颐德行李康记。同时这也方便把油、米和豆腐制品等供应给自家李康记饭店。

“花”香溢四方

二十多年过去了，最初颐德行的木匾依然保存着，李从启也仍然在默默耕耘。在太阳还没有出来的时候，他已开始制作一天的豆腐。

店铺每天早上七点营业，一般在下午六点左右收铺。倘若当天的豆腐花和豆腐制品提前卖完的话，也会早点儿关铺。

不论假期还是平日，都会有很多游客和本地的街坊熟客，穿过一条条街巷，找到这间小小的颐德行，品尝它驰名的豆腐花。一点一滴都出自自家制作的豆腐花，色泽白亮，伴以适量的淡奶调和，在搅匀表面淡奶的时候，一阵黄豆的清香已令人垂涎欲滴。然而豆腐花最大的魅力，是它的质感，香甜而不腻口，幼滑而又甘醇。

李先生一天制作五百碗豆腐花，每天都会被顾客抢购一空。尽管店铺从来没有主动做过宣传，但颐德行李康记豆腐花的美味及内涵，使得不少本地甚至外地的报纸杂志以至电视台，都前来访问和宣传它的独特。

端上一碗碗豆腐花，它的外形虽然简单普通，却历久弥香。它的魅力和成功之处究竟在哪里呢？味道和质感，是制作人恒心的汗水、认真的精神与用心的尝试的结晶；朴素无华、脚踏实地，是李先生经营店铺的原则。

纵然现在还没有人能继承他的手艺和衣钵，但李先生宁可冒着失传的风险，坚持等待真正愿意用心学习的人。

· 颐德行李康记现任店主李从启先生制作的豆腐花 ·

李从启先生很欣喜地看到人们都喜爱颐德行李康记的豆腐花，而更使他个人感到欣慰的是，不管多么艰辛，他终能完成双亲的心愿，把颐德行延续下去。

营地大街

胜利茶餐室

胜利茶餐室（ESTABELECIMENTO DE COMIDAS VITORIA）位于营地大街94号，是一幢不起眼的两层高建筑。茶餐厅位于下层，分为前厅和后厅两部分。三十多年来，餐厅的布局、形式和摆设都没有太大的改变，就像餐厅对出品食物品质的坚持，始终如一。

·2016年和2007年所摄位于营地大街的胜利茶餐室·

一路走来

成功并非一朝一夕的事，胜利茶餐室经历过高低起伏，才慢慢建立起今天良好的口碑。在 20 世纪 80 年代中，胜利茶餐室的经营曾出现问题。于是，当时的老板找来现时的餐厅负责人，曾在餐厅当楼面的莫先生帮忙打理。

莫先生夫妇接手管理茶餐厅，至今有二十多年，二人身体力行，每天于茶餐厅工作十多个小时，花尽心思，监督着茶餐厅的出品和材料来源。

而胜利茶餐室成功的背后，同样离不开餐厅所有员工对出品食物品质的坚持，以及辛勤的付出。

· 胜利茶餐室的厨房一角 ·

· 胜利茶餐室每日会接待许多堂食的顾客 ·

不说不知道，20 世纪 70 年代期间，胜利茶餐室曾经开办过礼饼业务，顾客可拿上烫着金色文字的红色礼饼券来换取女家喜饼。

在当时，餐牌并不像现时见到的，经过过胶处理，而是利用绳子串连起来的。那时候还有一种面积较大的餐牌，中葡对照，详细列明热饮品、冻饮品、三明治类、咸品类和甜品类的各种食品。

时移世易，礼饼券、大张的餐单等都已不再出现。

据莫先生说，以往澳葡政府时期，卫生司经常会派人来突击检查，所以食物和环境都要保持一定的水平。约在 1995 年间，胜利茶餐室被当时的土地工务运输司“封铺”，原因是这幢房子被认为过于残旧。为此，茶餐厅暂停营业数个月，作内部装修，重新铺设水管、电线和渠道，并在天花板上层铺了钢板。这也使得现时进入后厅时，移动电话讯号变得较微弱。

2003 年，非典型肺炎（SARS）横扫全球，澳门虽无大规模爆发的病例，但亦使得居民和旅客人心惶惶，大家都不敢外出吃饭。当时，茶餐厅的生意也受到很大的影响，尤其在晚市，顾客寥寥无几，前厅的桌椅有一半空了出来，与现时的情况形成强烈对比。

经营之道

2007 年的大年初三，胜利茶餐室出现了前所未有的情况：一天之内，卖出约 700 个猪扒包，餐厅内的猪扒包和猪仔包不敷使用，要到还未开市的冻肉铺和面包铺买货。虽然当时市面上的猪仔包价钱升高了一倍，可是胜利茶餐室依然按原价为顾客供应驰名的吉列猪扒包。

吸引那么多顾客慕名而来，原来是因为香港某饮食杂志的报道说，胜利茶餐室的猪扒包，与早已远近驰名的氹仔的猪扒包不遑多让。因此，在农历新年期间，有不少香港旅客拿着饮食杂志，专程到胜利茶餐室一尝美味的猪扒包。餐厅负责人莫先生说，某些香港旅客在港澳码头下船后便直接乘的士到茶餐厅，而某些坐旅游大巴的旅客，则派代表到茶餐厅购买猪扒包。

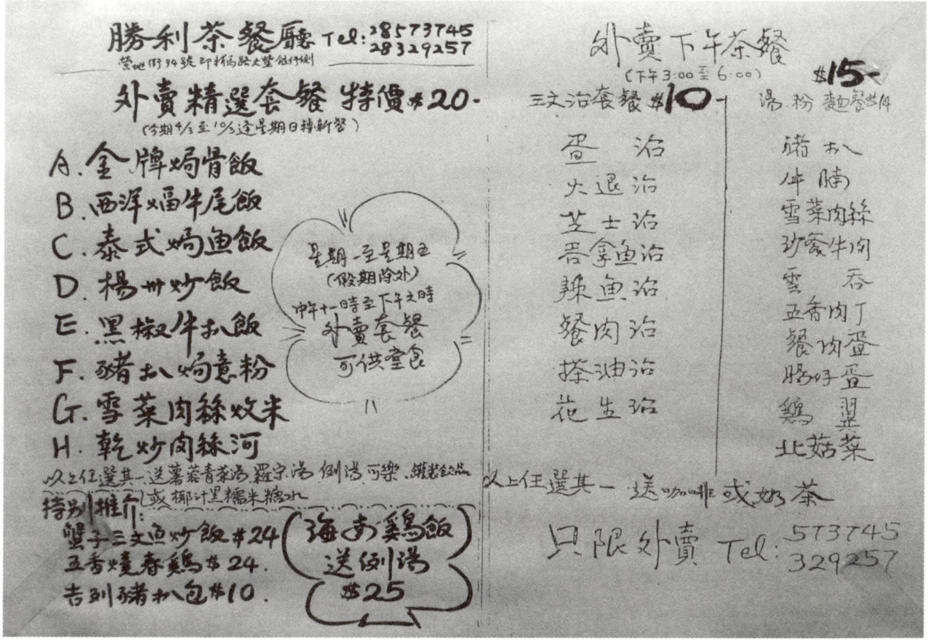

·莫先生亲自设计和手写的外卖菜单·

被杂志报道一事，茶餐厅事先并不知情，所以一开始茶餐厅对猪扒包销量突然增加的情况也感到很疑惑。不过欣赏的人有增无减，对茶餐厅来说是一个很大的鼓舞，也说明了茶餐厅的实力毋庸置疑。

除了猪扒包外，焗骨饭和铁板烧也是胜利茶餐室的招牌菜式。现时猪扒包和焗骨饭，每天都要卖出两三百份。

为了保持食物的新鲜，茶餐厅的每款食品都是即叫即做的。除了食品品质上佳外，价钱合理，也令居民和游客津津乐道。莫先生坦言，打理茶餐厅的二十多年间，见到其他茶餐厅都加价不少，但胜利茶餐室涨幅不大。以咖啡为例，从二十年前到今天，只加了约 5 毫。

胜利茶餐室的门口旁边有一个外卖窗。在茶餐厅内，可以看到一张张手写的外卖精选套餐和外卖下午茶餐餐单，那都是莫先生亲自设计和手写的餐单。这些优惠的套餐是在 1997 年饮食业低潮时出现的。那时候生意较差，莫先生便想到推出外卖精选套餐这个策略，并一直维持到现时，成为茶餐厅的卖点之一。

外卖精选套餐共有 8 个选择，送例汤或饮品，餐品在特定时间内供应，持续一周，逢星期日菜式改变一次。

最初外卖精选套餐不能堂食，后来为了方便中午来吃午餐的学生，也增设了堂食服务。

· 胜利茶餐室负责人莫先生与访谈员温学权、谭晓蔚 ·

紧贴顾客口味的转变，也是茶餐厅成功的因素之一。以往的顾客较喜欢葡式口味，现在则倾向中式化。街坊、熟客和游客是茶餐厅的主要客源，每逢转新餐的第一天，一个接一个的电话使茶餐厅应接不暇。除了询问菜单和提供意见外，当然亦有不少订单。

本澳的部分娱乐场和快餐厅也是茶餐厅外卖的“熟客”。

未来之路

近年澳门经济好转，但茶餐厅的收入并未因此而大幅增加。在这两三年间，物价上升，有些甚至上升了近一倍，使经营成本增加。另外，茶餐厅亦有着一众中小企业的难题：招聘人手出现困难。2004 年，第一间外资娱乐场开业招工，那段时间内，便曾有过一日内有三位楼面辞去工作。

现在，虽然人手问题已基本上得到解决，但因为薪金的提升，经营成本也随之上升。莫先生笑言，现时的利润，有时甚至比经济差时的还要低。

今天，胜利茶餐室仍然坚持着一向的宗旨：合理的价钱，优质的出品。茶餐厅于每天早上七点半开始营业，为广大居民和游客提供可口的食品。无论是早餐、午餐、下午茶还是晚餐，茶餐厅对食品的要求都一丝不苟。

茶餐厅是港澳地区特有的饮食文化，它似乎已经与我们的生活密不可分。一杯咖啡或奶茶，配上一份美味的猪扒包、焗骨饭，胜利茶餐室带给我们的，不只是味觉上的满足，还为我们留下一个回味无穷的回忆。

“先敬罗衣后敬人”——彩生隆礼服

俗话说“先敬罗衣后敬人”，可想而知，“衣”是人们日常生活中最重要的装饰品、保护物。而最美丽，最华贵的，应属出席重要场合必备的礼服了。

彩生隆礼服

· 彩生隆礼服店位于营地大街的铺面 ·

彩生隆礼服店，地处澳门的心脏地带，坐落于营地大街上。店主黄永苏先生，从事礼服行业三十几年了。如果由他祖父的经营开始计算，彩生隆礼服店至今也有六七十年的历史了。

彩生隆礼服店的原址比现址还要大一些，由于当时的业主要变卖那个铺位，所以他们被迫搬迁。现在的铺子有两层，下层作营业用，上层用来放置存货。现在店中存放了三四百套的礼服。

礼服的学问

旧时的婚姻，都是通过“媒妁之言，父母之命”而成的。民间传统的婚礼仪式中，最为人熟悉的是“三书六礼”。但随着社会的日益变化，很多传统的婚礼仪式已经从简，趋向西式。现代人多数会穿上传统的中式礼服，拍上一辑结婚照，或是由新娘穿上传统的中式褂裙，和新郎在喜宴的酒席中穿梭敬酒。

传统的中式褂裙，是中式婚礼不可缺少的服饰。店主黄永苏先生说，褂裙主要分为绣线和珠片两个种类。褂裙多以红底为主，上面有用金线、银线或色彩鲜艳的绣线绣成的龙凤、鸳鸯、花朵，甚至是喜字。

一套褂裙的制成，由量身、下订单直到送往工场制造，这一系列的工序，往往需要以月来作计算单位。一年只能出产 20 套左右的褂裙。以绣线和珠片两种褂裙来做比较，金银线那种的价格较贵，度身定造一套，需要 3000 多元；而珠片那种只要 2000 元左右就能交易了。

不少已经移民到加拿大或美国等国家的中国人，为了突出传统的中国特色，都回来定做礼服。而且，与外国的西式礼服价格相比，中式礼服要便宜很多。

现在仍有穿上长衫马褂、佩戴绣球的新郎出现的场面，但不多，一般是日间接新娘时和夜间婚宴的入场式时出现。店主黄先生认为，这样的穿着，起着带动气氛的作用。

逐渐西式的婚礼

新颖的西式礼服，除了是时下年轻人婚礼上的标配，也是出席特别场合的首选。现在年轻的一辈多数都会选择穿婚纱、西服举行婚礼。

黄先生介绍，新郎穿的礼服和普通西装的区别在于领襟。男装礼服的颜色主要是黑色，其次是白色，也有部分是灰色的。男装礼服在色彩上的变化不大，而女装礼服就恰恰相反。

· 彩生隆礼服店中的中式褂裙 ·

·彩生隆礼服店中的西式礼服·

黄先生说，不要以为来他的店铺定做礼服的都是新人，伴娘、伴郎也为数不少呢！原因是伴娘的礼服不算贵，每件只需要几百块，比较划算。

二三十年前，新娘的礼服不多，一般是一套褂裙和一套晚装。随着社会的发展，人们对物质的要求也在提高，两三套礼服是基本，多数顾客都会定做四五套礼服，甚至更多。

随着西方文化在人们生活中的影响日渐突出，婚宴的主题也渐渐趋向西化。以前参加婚宴，一定能看见正中四个醒目的大字“××联婚”之类，现在，人们普遍都选择以英文字母来做主题，仍然沿用中文字的人已经慢慢减少。

· 彩生隆礼服店的缝纫处和熨衣处 ·

店中除了售卖传统的中式褂裙、新颖的西式礼服外，还代理“一条龙”的婚礼服务，从提供礼服、礼堂装饰、照相到专人录像。此外，店中还有大妗姐[1]服务，提供新人用的红伞（店中供应了两种红伞：一种是比较传统的款式，另一种是用蕾丝制成的新款式）、绣花鞋、子孙尺、子孙桶（即我们平时所说的痰罐）、头巾、红扇、新人“上头”[2]等等婚礼用的工具。真是只有想不到，没有买不到的。

---

1 大妗姐，为广东婚嫁习俗中的一个重要部分，被视为新娘的“守护神”，是婚庆场合女家用以跟随新娘的临时使妈。

2 上头是成人礼，传统需焚香秉烛、备三牲酒礼向天地祖先禀告。传统上头会由“好命人”——上有高堂、下有儿女的人，用红绳、芙蓉、扁柏为新娘梳头，“好命人”会一边梳，口中一边念“一梳梳到尾，二梳夫妻白发齐眉，三梳儿孙满地”之类的吉祥语。

·彩生隆礼服店中有婚礼所需的各类装饰和礼服·

经营现状

这个行业的高峰期在每年年初的二月、四月和年尾的八月、十月至十二月。年尾的工作比较密集，因为这是人们结婚的高峰期。彩生隆礼服店生意高峰时曾同期接下七八个工作。因为这些全部都是手工作业，工夫比较多。布置用的装饰物品，在早上才装好了，晚上就要拆下，如此奔波劳碌，令人感到很劳累。

其实这个行业的收入也不低，平均下来每个月也有十多二十万，但从业人员并不多。

面对这个冷门的行业，店主黄先生没有寄予太大的期望，他只希望仍在从事的行内人能继续做下去。他认为要吃这行饭不难，只要有做衣服的基础就可以了；就算没有基础，只要学习一年左右也能胜任。

礼服店是一个逐渐步向式微的行业。随着人们生活趋向西式化，不少富有中国传统特色的事物都不再受到重视。但我们身为中国人的一分子，应该要更努力地维系好社会的平衡，在接受新事物的同时，也要保留旧有的事物，更何况那是如此极具特色的一个行业呢！

清甜碟仔糕
——明记食品商店的故事

2007年，邝汉明先生77岁，虽然满头银丝，却精神矍铄。他戴着一副大大的金属框眼镜，言谈风趣大方，举止精明能干，怎么看都有几分大学教授的风范。殊不知他却是一位实实在在的商人，做了一辈子食品加工生意。当我迈进他经营了四十多年的明记食品商店的时候，他刚刚做完一笔生意。和顾客道别以后，他顺手拿了一客碟仔糕请我品尝，笑着接受了我冒昧的来访。

与雪糕打交道的日子

邝先生十几岁的时候就在雪糕厂里做学徒。几十年前，澳门刚刚渡过抗日战争时期，经济渐渐复苏，万物回春，澳门的食品加工业刚刚兴起，其中就有五六间雪糕厂。以中山冰厂为首的雪糕厂，采用传统工艺制作雪糕，那是当年澳门街坊消暑纳凉时最好的伙伴。那个时候的雪糕，是摆在零下四十摄氏度的盐池里进行冷却的，温度和时间都要掌握得非常精确，所以对技术要求很高。

也就是在这样的环境中，邝先生培养了一丝不苟的敬业态度，也培养了他热爱试验，不断创新的开拓精神。

邝先生回忆道，当年的雪糕生意，是由小贩们从雪糕厂直接入货，然后沿街叫卖。早年根本没有便携式雪柜，当然更加没有先进的雪糕车，只能靠一个个保温瓶来装雪糕。

·2016年补摄明记食品商店位于营地大街的铺面·

·明记食品商店内景·

最初的雪糕是圆柱形的，而保温瓶也是圆柱形的，所以放进保温瓶会产生缝隙。即使是最大号的保温瓶也只能装二十余支雪糕。邝先生发现这个问题之后，就不断地试验，改进雪糕的形状，最后发现，三角柱形状的雪糕可以把保温瓶塞得满满的，一个保温瓶就足足可以装下三十多支雪糕，小贩们就可以一次性携带更多的雪糕。

小贩的生意好了，雪糕厂的生意自然也就日益兴旺。

可惜的是，四十多年前，发生了一次令许多澳门人至今仍然印象深刻的大瘟疫，澳门许多地区深受其害，之后民众对食品的质量有了更高的要求，也产生了对某些副食品的恐惧心理。

当时因为流传夏天食用冷冻食品对身体有害的说法，致使雪糕厂的生意急转直下，不得不关门大吉。澳门传统的雪糕工业和沿街的雪糕小贩，也就此销声匿迹，这不能不说是一个很大的遗憾。

邝先生因为此次变故，离开了雪糕厂，转而从事制作肠粉、蛋卷等行业。积攒了一笔积蓄后，他就在营地大街上开设了自己的铺头，这就是久负盛名的明记食品商店。

百炼成钢——碟仔糕

明记食品商店，最初其实还是一间雪糕店。邝先生凭借他多年制造雪糕的经验和他在街坊邻居中的良好口碑，依然操起老本行。

当时的明记雪糕，口味达到了十几种，有芒果、椰子、香草、巧克力等常见的雪糕口味，也有当时还很少见的蜜瓜、番石榴、草莓口味。邝先生坚持用新鲜生果制作雪糕，真材实料，物美价廉，受到了街坊邻居的一致好评。每天买明记雪糕的食客都排成长龙，更有从香港等地专程来吃雪糕的游客。

慢慢地，有游客向他反映，雪糕当然很好吃，可是没有办法拿回香港，只能一次次来澳门吃，费时又费力。邝先生也发现，每天上学、放学时，来买雪糕的学生们大排长龙，而明记只有邝先生和邝太太两个人，既要收钱，又要取雪糕、挖雪球，经常忙不过来。邝先生就突发奇想，能不能制作一种可以直接售卖且方便携带的食品？

·明记食品商店的招牌——碟仔糕·

说起来容易做起来难。想要发明一种如此完美的食品，当然不容易。邝先生先是想做果冻，后来又想做糕点。但是他既没有制作这些食品的经验，也没有相关的技术可参考。

最终，邝先生运用他的聪明才智，结合果冻和广式糕点的优点，经过许许多多次成功和失败的试验，独创发明了明记四十多年来的招牌小吃——碟仔糕。

广东话中的“碟仔”，就是在茶楼、酒楼中常见的装酱油、醋等调味佐料的小碟子。而邝先生的碟仔糕，就是用这些小碟子来盛放的小吃。

明记碟仔糕，像果冻一般晶莹剔透，而且更加圆润饱满。其中椰汁口味仿似珍珠，巧克力口味仿如青玉，而马豆口味的碟仔糕，如同钟乳凝结而成一般，黄白相间，煞是好看。

· 明记食品商店招牌食品的广告牌 ·

碟仔糕，单单从卖相上来说，就吸引了食客的眼球，而一放到嘴里，浓浓的椰香、马豆香，或是巧克力的甜香就弥漫开来，让人爱不释手又爱不释口，一口气可以吃下好几个。尤其是盛夏，吃一口刚刚从雪柜里拿出来的冰冰凉的碟仔糕，令人暑气全消，大感舒爽。

如此好吃的碟仔糕，蕴含着的是邝先生饱满的热情和孜孜不倦的探究。

碟仔糕最初是由果冻的制作方法演化而成，当时做果冻的方法有两种：一是用洋菜，也就是俗称的大菜来做果冻；另外一种是用鱼胶粉。但是这两种方法不是容易融化出水，无法长途携带，就是味道较重，影响了成品的口感。邝先生经过无数次试验，尝试了许许多多的材料来制作碟仔糕，但都不太满意。最后当他用粟米粉制作碟仔糕的时候，奇迹出现了：成品不但不会融化出水，放在阳光下也不会变质，更可以长途携带，且口味纯正，丝毫没有杂味。于是邝先生就正式开始售卖第一代碟仔糕。

一开始，很多街坊对这种新颖的食品都抱着怀疑和尝试的心态，所以并没有一炮而红。但是慢慢地，尝试的街坊邻居越来越多，他们觉得碟仔糕好吃又便宜，口碑一打开，生意便好了起来。后来碟仔糕居然挤掉了明记的招牌雪糕，变成了明记的招牌小吃。

经过四十多年的演变，我们现在吃到的碟仔糕，和最初的碟仔糕虽然一脉相承，却又有所不同。比如最早的粟米粉，已经被邝先生用口感更好、卖相更佳的荷兰进口红薯粉代替；当初的巧克力粉，也被邝先生用荷兰进口的巧克力砖代替；连最简单的砂糖，也从最初的白砂糖改用为甜度更高、口感更细腻的糖青。

碟仔糕里每一样配料，都是经过了大浪淘沙，反复甄选后才最终确定下来的。制造碟仔糕时，一锅原汁在熬煮的过程中，要经过四次的温度变化，而每次温度烧制的时间都是以秒计算。邝先生每一锅都是独自制作，不准任何人旁观。因为他要集中一切精力，感受搅动原汁时汤汁最细微的黏稠变化，从而改变搅动的速度或者加热的温度。

经过四十多年，邝先生制作碟仔糕早已是炉火纯青，但是他依然固执地坚持独自制作，连邝太太都从来没有见过邝先生制作碟仔糕的过程。

· 来购买碟仔糕的顾客 ·

也就是这种态度，造就了碟仔糕四十年的神话。记得有一次，葡京酒店的总厨亲自来明记询问碟仔糕的做法。邝先生告诉他这是他自己发明的，是秘方。葡京酒店的总厨不相信一位老人家能发明出这么可口的碟仔糕，怀疑地看了半天，买了许多客，尝来尝去也不得其果。他宣布回去之后慢慢研究，一定要做出比碟仔糕更好吃的小吃。但至今在葡京的菜单上，也找不到能和碟仔糕媲美的类似食品。

后来这个故事在坊间流传开来，葡京酒店的总厨偷师不成，反倒使得明记的碟仔糕更加声名大振，驰名港澳。

美味点心无人承继

现在的邝先生，鹤发童颜，完全看不出是古稀之年。我好奇地问他，现在还在做碟仔糕，不觉得辛苦吗？他笑笑对我说，以前做雪糕也好，现在做碟仔糕也罢，一直是抱着一个态度：客人的满意，就是自己的满足。

他就是为了这份满足和别人对自己的认同、赞许而坚持下来的。这也是他不断钻研、不断探究的原动力。他说现在每天看到那么多人来买碟仔糕，看到他们吃碟仔糕时的那种满足感，他就觉得非常开心。

他告诉我，做碟仔糕，分量最重要，不同的两包糖，不同的两包红薯粉，不同的两块巧克力，煮出来的效果会不同。要慢慢地累积经验，才能调配出最

· 发明碟仔糕的邝汉明先生及访谈员顾觊菽 ·

明記食品商店 19

自製糕點

明記的老闆鄺伯伯曾在雪糕廠工作，現年70多歲，初期只在店內售賣自製雪糕，其後無師自通下開始製糕，分朱古力、椰汁及馬豆三種，由三毫子賣到兩元一件，現在仍廣受街坊歡迎。

他的成功引來不少餅店仿傚，也有酒店大廚前來取經，卻無人能做出一模一樣的味道。原因除了是無法掌握不同天氣下的水溫和烹調時間，他們的要求亦不及鄺伯伯嚴格：用料方面，他堅持不用大菜，只用粟粉以保持軟滑口感，配料則棄用罐裝椰汁和哈咕粉，只用每天從果欄街購入的新鮮椰汁及荷蘭入口的朱古力磚，現在更因找不到質感較滑的美國馬豆而停產馬豆糕。如此執著，才能真正做到「只此一家」。

↑鄺伯伯：「製糕的秘訣只是不斷嘗試，別無他法。」

朱古力糕及椰汁糕（$2）

製法並不簡單，由煮粉、放涼到放在豉油碟中冷卻共費三、四時，故每天只做兩輪。

澳門半島營地大街14號地下
營 13:00~23:30
電 (853)373-251
付 只收現金
註 凡買滿20件可用紙盒盛載，滿12件則需加$2

· 媒体对明记食品商店和碟仔糕的报道 ·

好吃的口感和味道。他说这就像刘翔一样，跑步跨栏的道理是每一位选手都知道的，但是如何才能跑得最快，这就需要个人的创造力和领悟力，甚至还要有一点天赋和运气。

明记开了四十年，碟仔糕卖了四十年，包装不变，甚至连两元一客的价格，在这个什么都涨价的浮躁社会里，都十年没有变动。

碟仔糕历史悠久，却又历久常新。在邝先生眼里，明记碟仔糕每天都在一点点更新、进步，都有更甘醇的味道，更清爽的口感。

当年买碟仔糕的小学生，现在变成了带着小学生来买碟仔糕的家长；邝先生也从年轻气盛的阿明仔，变成了银发飘飘的邝伯伯。

遗憾的是，因为邝先生的手艺绝不外传，且他丰富的经验和手艺又是难以传承的，所以在不久的将来，从邝先生决意退休的那天起，世上便再无碟仔糕，这味飘香澳门四十年的小吃将消失不见。

当从前那些在放学路上买碟仔糕的小学生们，如今那些带着小学生来买碟仔糕的家长们，未来带着自己的孙辈来到这里，却再也找不到碟仔糕的清香的时候，脸上流过的恐怕不仅仅是遗憾，还有一种深切的留恋吧。

平凡中的优雅
——祥安纸业文具贸易有限公司

位于营地大街的祥安文具店，有过很多学生们的足迹和记忆。文具店的面积不算大，货品摆放得井井有条。铺面内的装修简朴而平实，虽平凡却不失优雅。

·早期祥安的招牌“祥安泰记”·

从祥安泰记到祥安文具店

祥安开业于 1941 年，当时的名字叫祥安泰记，由八至十位股东合资组成。那时候的祥安，并不是售卖文具的店铺，出售的是纸料、包装用品、冥品和节日装饰用品。文具是在 1960 年后才开始逐渐成为店铺的主要销售品。现时的祥安，除了大家熟悉的文具用品外，还出售一些餐饮用品和包装用品。

今日的祥安，是一幢三层高的楼宇，楼下是铺面，楼上是仓库。曾经有一段时间，店内的伙计都是住在铺内的。祥安开业以来装修了数次，分别是在 1948 年、20 世纪 80 年代和 90 年代的火警之后。

·祥安位于营地大街的铺面·

·祥安店中各式各样的文具用品（一）·

·祥安店中各式各样的文具用品（二）·

·来祥安购买文具的顾客·

2000年，祥安泰记重组为现时的祥安纸业文具贸易有限公司，并再次为铺面作了装修，成为我们现在所见到的模样。店内仍留有一块写着“祥安泰记”的招牌。店铺负责人梁先生说，这块招牌已有约四十年的历史了。

经营期间的变更

祥安文具店的货品，基本上每一件都标有价钱。梁先生说，往日是没有标价的，货品的价钱都由伙计们自己记着。后来货品的种类增多了，顾客也增加了，由1985年开始，在店内出售的商品都有标价。

1980年至1992年间，是祥安生意的高峰期。那时候竞争不大，很多工厂、学校都向祥安买货，而生意最好当数年尾的时候。

现时祥安的货源主要来自香港和内地。每逢新学年开课前或日常放学后，都会见到成群的学生在此选购文具，而祥安亦有为一些饮食业商店和学校送货。

圣诞卡、圣诞装饰等在20世纪90年代是很受欢迎的商品，当时祥安亦有售卖。后来，因为互联网和电子贺卡的兴起，圣诞卡的销情渐渐下滑。加上政府规定圣诞装饰等不可挂出店铺外，所以祥安已有很长一段时间没有售卖圣诞卡和圣诞装饰了。

结语

祥安向来作风低调，只在开业周年间作过两三次宣传。然而，不只是老一辈，现今青少年买文具、包装用品的时候，第一时间想到的可能都是祥安。

六十多年来，也许它朴实的风格早已默默地印在人们的心中。

百年坚持——许立记百货商行

许立记的历史

许立记百货商行于 1917 年开业。由最初售卖针线等的小贩档，到售卖塑胶用品、新年饰品和家庭用品等杂货，许立记最终发展为现在主要售卖服装、床上用品的百货商店。许立记在澳门市民的心中，或许已经成了百货公司的一个代表。

· 2016 年补摄许立记百货商行位于营地大街的铺面 ·

·2007 年所摄许立记百货商行·

许立记现址位于营地大街，之前铺址曾经搬迁过多次。最初它位于镜湖马路 98 号，20 世纪四五十年代先后搬至草堆街 3 号以及关前街 49 至 51 号，1965 年迁至十月初五街 105 号，一直到 1988 年迁往现址继续经营。

许立记的现状

刚刚搬到现址时，许立记只是一间很小的铺面。后来与它相邻的同行、街坊相继移民，许立记便买下这些铺位，经过多次扩充和装修，成了我们今天所见到的由七间商铺打通而成的铺面。

许立记现址是一幢三层高的楼宇，楼下是铺面，上面两层是货仓，此外，在别处还有仓库。走进店铺内，货品分门别类，摆放整齐，但有一些装着货物的纸皮箱摆放在地上。据了解，以往这些装货物的纸皮箱会被整齐地摆放在仓库内，但现时由于人手不足，未能及时处理。

由于许立记是家族生意，铺头内的员工有一半是亲朋好友。

许立记的经营策略

许立记开业后的前六十年，都是做批发生意的，直至约 1977 年，才开始转为零售。店铺橱窗内的校服，是许立记“著名”的货品之一，它是 1988 年店铺迁至现址后才开始转为零售的。20 世纪 50 至 70 年代，许立记的货品中约有九成是国货，到 80 年代，货源才渐渐改变。

·许立记琳琅满目的货品（一）·

许立记在沧桑岁月中走过九十多年，“货真价实”的形象深入民心。60年代中，生意陷入低潮，曾经有过连续三年亏本的情况。但许立记在风雨中坚强地挺过来了，在澳门百货业中发出亮丽的光芒。

在转变中，许立记依然把顾客放在首位，提供优质的货品。

许立记很留意市场的变化，会做市场调查，根据市场的走势，对货源做适当的调整。以泳镜为例，由最初的泳镜慢慢发展为比赛用泳镜和普通泳镜，之后再发展至有近视度镜的泳镜。许立记亦在此过程中，跟随市场的发展而出售不同种类的泳镜。

在许立记购物，除了个别货品外，大部分货物如果不合适，在两至三天内都可更换。为了方便不同类型的顾客和旅客，许立记售卖的服装并没有季节

·许立记琳琅满目的货品（二）·

之分。炎炎夏日，我们仍可以在许立记找到棉袄和毛衣。

市场不断地变化，消费形式也在改变。现在的零售业向着专门化的方向发展，一个大项往往被细分为多个小项，传统的百货经营模式面临挑战。

相信善于把握市场动向的许立记，能很好地做出应变，在大时代的动荡中站稳脚跟。

从豆腐摊起家
——金马轮咖啡饼店

从豆腐摊到西餐厅

金马轮咖啡饼店位于营地大街，从 1974 年的冬天至今，默默守护在同一位置上。饼店创始人梁志平，早年在营地街附近叫卖豆腐。由于流动摊档受天气的影响太大，不容易养家糊口，刚巧他的堂兄弟在香港湾仔经营茶餐厅，生意尚佳，故此梁志平便也向他学习，转营餐饮业。

当时有不少食肆或商店，均以“金”字为首，而“金马轮”的命名却是源于梁志平在香港读书的儿子，即现在饼店的负责人。当时他提议以香港尖沙咀金马伦道来命名，大家都觉得此名称吉兆且有意义，遂定名金马轮餐厅。

营业初期，梁志平并不熟悉餐厅的运作情况，所以多数参考香港堂兄弟的生意经验，再结合他自己的营商方向，把餐厅定位于中高级的路线。

最初餐厅的内部装潢和格调十分西化，营造出进膳西餐的浪漫气氛。可惜这种氛围与餐厅周边的环境并不协调。餐厅所在的营地街市多是普通居民，

· 早期的金马轮咖啡饼店铺面 ·

所以餐厅客人以家庭主妇和老人为主，初期餐厅所供应的西餐肉扒类、三明治和西多士（法式吐司）等都不切合他们的口味和需要。但幸好梁志平在经营豆腐摊档时，确立了信誉和固定的熟客，所以早期金马轮餐厅，主要做街坊熟客的生意。

革新与传承

踏进 90 年代，餐厅由梁志平的一女一子接手。他们有鉴于当时社会和餐厅发展的需要，进行了一系列的革新转型：他们将原先较为昏暗的西化设计，重新装修为整洁光亮的大众化餐厅；在食物供应方面增加了更多选择，如咖啡、奶茶、通心粉和蛋糕西饼等，逐渐变为茶餐厅的形式。

现在金马轮餐厅全栋三层，一楼和阁楼为营业用途；二楼是餐厅的饼房，出品新鲜的面包和西饼；三楼为货仓和部分员工的宿舍。

餐厅每天从早上七点开始营业至晚上六点半。不论是平日还是假期，都有很多的游客和街坊，慕名品尝餐厅的“镇店三宝”——奶茶、蛋挞和猪扒包，而其他各式的西饼，由开业至今的老师傅主理，保持着始终如一的传统醇厚味道，亦深受顾客喜爱。

·2016 年补摄金马轮咖啡饼店铺面·

· 在金马轮堂食的顾客 ·

以人为本，迎头并进

成功的营商，在于抓紧市场的脉搏和需要，餐饮业也是同样的道理。

金马轮餐厅在面对社会的改变和挑战时，也及时做出了不同的转变，来谋求发展。90 年代初，澳门的外卖面包店并不多，餐厅有见及此，把原先堂食的面包改为亦可外卖，配以盒装饮品一同销售，在当时很受学生的欢迎。

到了 90 年代中，市面上的西式饼店逐渐兴起，餐厅无奈取消了初期的西饼卡服务，把更多的资源投放到餐厅的其他优势上。

2000年，澳门经济开始起飞，但由于当时流行北上消费，所以餐厅的生意并没有明显增加，便选择了在假日休息。

2003年“非典”过后，在旅游博彩业的带动下，澳门社会百业畅旺，大量的自由行旅客和外国游客纷至沓来，金马轮餐厅的生意出现前所未见的兴旺，甚至一时之间应付不来。对此，餐厅也迅速策划出应变改善的方法，不但在店内安装扩音器以方便运作，亦添置新的设备务求加快作业效率。

· 糕点师傅在做面包 ·

·金马轮餐厅的猪扒包、奶茶、蛋挞、面包等·

这都是紧贴社会变化而促使自身改良进步的需要。

金马轮已传承至第二代，家族式的经营，令餐厅充满浓厚的人情味。老板不单注意员工的工作情绪和体力消耗，亦想方设法安排假期来抒缓他们的压力。故此大多员工已在餐厅里工作了十多年。

上下一心的投入，也许是金马轮成功的原因之一。

常言道：“创业难，守业更难。”这是由于守业绝不能墨守成规，必须不断创新和改善自身，借此加强和发展。这也是金马轮餐厅成功的重要因素。

另一重要因素，是餐厅非常重视与顾客之间的互动和沟通，从换位思考的角度出发，考虑消费者的需要，聆听顾客的意见，以求优化和进步。如在宣传推广方面，东主了解到旅客很难找到餐厅位置，于是重点在地图广告上投放资源，明确标示所在地点，并印制名片配合吸引招徕顾客，以达到更好的宣传效果。

金马轮正构思对外发展扩充生意，把握机会显扬优点，使餐厅办得更成功和完善。

附录：口述历史资料

（空白是缺失资料项）

店　铺	叙述者	访谈日期	访谈地点	访谈员
丁财贵香庄	陈炳深 黄先生	2007 年 7—8 月	青草街	凌慧坚
品芳饼家	陈帝棉	2007 年 7—8 月	品芳饼家（十月初五街）	林婉华
大全堂中药房	陈德培	2007 年 7—8 月	大全堂中药房（十月初五街）	凌慧坚
时香花生瓜子	岑海岳	2007 年 7—8 月	时香花生瓜子（皇子街）	彭秀丽
李光记花店	李展图	2007 年 7—8 月	李光记花店（十月初五街 102 号）	刘冬怡
东茂行	李志仁	2007 年 7—8 月	东茂行（十月初五街 39 号 A）	林美美
兰香阁	陈炽	2007 年 7—8 月	兰香阁（新埗头街 1 号）	李璟琳
裕利饼家	李洪	2007 年 7—8 月	裕利饼家（新马路 130 号）	文家希 陆婉珊
二合店	江少鹤 林仲群	2007 年 7—8 月	二合店（关前正街 19 号）	刘冬怡
朱记	朱佐	2007 年 7—8 月	朱记（关前正街的路口）	林婉华
珠记糖水	区淑仪	2007 年 7—8 月	珠记糖水（关前正街街口）	陈丽嫦

续表

店铺	叙述者	访谈日期	访谈地点	访谈员
裕成洋服	黎光藻	2007 年 7—8 月	裕成洋服（关前后街 25 号）	顾觊菽
颐德行李康记	李从启	2007 年 7—8 月	颐德行李康记（新涉头街）	沈锐亨
胜利茶餐室	莫先生夫妇	2007 年 7—8 月	胜利茶餐室（营地大街 94 号）	温学权 谭晓蔚
彩生隆礼服公司	黄永苏	2007 年 7—8 月	彩生隆礼服公司（营地大街 10 号）	吴钰微
明记食品商店	邝汉明	2007 年 7—8 月	明记食品商店（营地大街）	顾觊菽
祥安纸业文具贸易有限公司	梁先生	2007 年 7—8 月	祥安文具店（营地大街）	
许立记百货商行		2007 年 7—8 月	许立记百货商行（营地大街）	温学权
金马轮咖啡饼店	梁志平	2007 年 7—8 月	金马轮咖啡饼店（营地大街）	沈锐亨